Fritz Riemann · Die Fähigkeit zu lieben

Fritz Riemann

Die Fähigkeit zu lieben

Herausgegeben von
Siegfried Elhardt und Doris Zagermann

Kreuz Verlag

Dieses Buch ist auch als Hörbuch erschienen.
Blinde können es kostenlos entleihen bei der

Deutschen Blindenstudienanstalt
– Emil-Krückmann-Bücherei –
Liebigstraße 9
3550 Marburg   Telefon: 0 64 21 / 6 70 53

oder bei der

Deutschen Blinden-Hörbücherei
Am Schlag 2 a
3550 Marburg   Telefon: 0 64 21 / 6 70 53

3. Auflage (11.–12. Tausend) 1986
© Kreuz Verlag Stuttgart 1982
Gestaltung: Hans Hug
Gesamtherstellung: Röck, Weinsberg
ISBN 3-7831-0685-0

Inhalt

Über die Liebesfähigkeit	8
Von der Mutterliebe	28
Sexualität und Liebe	48
Liebe und Bindung – die bedingungslose Liebe	68
Die fordernde Liebe	84
Die ganzheitliche Liebe	96
Die Partnerwahl	110
Die ungebundene Liebe	124
Angst – ein Hemmnis der Liebe	132
Existentielle Bedrohtheit und ihre Folgen	150
Zeichen der Zeit – Vom Egoismus zu ganzheitlichen Beziehungen	166
Nachwort der Herausgeber	182

Wir müssen uns klarwerden,
daß wir in unserer Gegenwart
in einem Entwicklungsprozeß stehen,
der letztlich darauf hinausläuft,
daß wir erwachsener,
mündiger und selbsverantwortlicher werden.
Das wird eine lange Zeit brauchen,
denn Erziehung, Schule, Politik und Kirche
versuchen uns immer wieder aus
verschiedenen Motiven
in unmündiger Abhängigkeit zu halten.
Dennoch scheint mir darin die Aufgabe,
ja vielleicht die rettende Hilfe für uns alle zu liegen.
Das Entscheidende dürfte dabei wohl sein,
daß wir unsere Liebesfähigkeit stärker entwickeln,
und das von ganz früh an in der Kindererziehung,
später in allen mit-
und zwischenmenschlichen Bereichen.

Über
die Liebesfähigkeit

Die Fähigkeit zu lieben ist uns mitgegeben als eine Begabung, die wohl zu den größten Wundern des Lebens gehört. Denn ist es nicht ein Wunder, daß der Mensch, dieses egoistische, machthungrige, besitzgierige und erfolgsbesessene Wesen voller gefährlicher Triebe, Leidenschaften, Affekte und Aggressionen, überhaupt zu lieben fähig ist? Fähig ist, jemanden oder etwas zu lieben außer sich selbst, oder gar, wie es das Christentum fordert, zu lieben wie sich selbst? Ohne diese Fähigkeit zu lieben, die uns recht eigentlich erst zu Menschen werden läßt, wäre die Menschheit wohl längst ausgestorben, weil sie sich selbst vernichtet hätte.

Das Wesen der Liebe offenbart sich in unendlich vielfältigen Gestalten; das Gemeinsame, das, was letztlich die Liebe ausmacht, ist ganz schlicht der Wunsch, einem anderen wohltun zu wollen. Lieben ist ein Tun, eine Tätigkeit, kein Zustand. Wenn wir bei Tieren nicht von Liebe sprechen, sondern von Instinkten – beim Paarungstrieb, der Brutpflege und der Aufzucht der Jungen –, wenn wir die Bezeichnung »lieben« nur für den Menschen vorbehalten, wollen wir damit offenbar ausdrücken, daß Liebe beim Menschen mehr ist als ein bloßes Instinktverhalten, mehr auch als ein sexueller oder gar gattungserhaltender Trieb, daß zu all dem etwas hinzukommen muß, was es erst im Bereich des Menschlichen gibt. Dieses Etwas ist begrifflich-rational schwer zu fassen; hier scheitert unser Bemühen, die Liebe zu erklären, zu definieren oder, wie wir das heute auf so vielfältige Weise versuchen, machbar zu machen.

Über die Liebe zu sprechen oder zu schreiben

sollte daher eigentlich den Liebenden und den Dichtern vorbehalten bleiben, denen also, die von ihr ergriffen sind. Wenn sich dagegen die Wissenschaft ihrer bemächtigt, bleiben von der Liebe oft wenig mehr übrig als Triebe, Reflexe und scheinbar machbare oder erlernbare Verhaltensweisen, als biologische Daten, meßbare physiologische und testbare psychologische Reaktionen, die zwar alle auch zu dem Phänomen Liebe gehören, mit denen wir es aber nicht erfassen. Dem Wesen der Liebe kommen wir damit nicht näher, denn sie ist etwas, das aus der Ganzheit unseres Wesens, aus unserer Gesamtpersönlichkeit kommt und sich nicht aus der Sicht einer Teilwissenschaft erklären noch sich durch irgendwelche Techniken erlernen läßt. Sowenig eine gekonnte Technik allein den Künstler ausmacht, so wenig macht eine gekonnte sexuelle Technik den Liebenden aus. Programmierte Streicheleinheiten sowie erlernbare Verhaltensweisen einem Partner gegenüber lassen keine Erlebnisweise gleichsam züchten, die aus unserer Wesensmitte kommt – wenn Lieben so einfach machbar und zu erlernen wäre, hätten wir es längt gelernt. All solche Rezepte können allenfalls den Boden vorbereiten helfen, auf dem Liebe erwachsen kann, und sie haben ihre Bedeutung; aber wenn sie mit dem Anspruch auftreten, Liebe lehren zu können, ist das irreführend. Wie der Glaube nicht von der Anzahl der Gebete, erfüllter Rituale oder Kirchenbesuche abhängt, sondern etwas ist, das mit unserer Gesamtpersönlichkeit zusammenhängt, mit unserer ganzen Lebensführung und Lebenseinstellung, so ist auch die Liebe Ausdruck unserer Gesamtpersönlichkeit und hängt von deren Dimension, Reife und Tiefe ab, nicht von der Häufigkeit sexueller Akte oder der Anzahl von Liebeserlebnissen.

Aber es gibt offenbar recht verschiedene Vorstellungen davon, was wir unter Liebe verstehen; der eine meint damit höchste Sinnenlust, ein anderer höchstmögliche Steigerung seiner Erlebnisfähigkeit, ein dritter sieht in ihr den Sinn seines Lebens, wieder ein anderer die höchste Vervollkommnung der Beziehung zweier Menschen zueinander oder deren Erhebung ins Überzeitliche; manche halten sie für eine Illusion oder gar für eine Krankheit.

Alles Liebenkönnen setzt zunächst einmal unsere Liebesfähigkeit voraus, und über diese Liebesfähigkeit können wir mancherlei aussagen. Vorerst, daß sie sich den verschiedensten Objekten zuwenden kann: Sie ist nicht geschlechtsgebunden, denn es gibt auch die gleichgeschlechtliche Liebe, die sich außer in der Wahl eines gleichgeschlechtlichen Partners in nichts von einer heterosexuellen Liebe zu unterscheiden braucht. Die Liebe ist auch nicht altersgebunden, denn wir begegnen ihr auf allen Altersstufen; sie nimmt auch nicht immer die gleiche Form an, denn die Mutterliebe ist eine andere als die zwischen Mann und Frau; wir kennen die geschlechtliche Liebe und die platonisch-verehrende, die karitative und die allgemeine Menschenliebe. Und unsere Liebesfähigkeit ist nicht einmal allein auf Menschen beschränkt: Wir können auch die Natur oder die Tiere lieben, die Kunst oder unseren Beruf, ja sogar etwas Abstraktes oder eine Idee – denken wir etwa an die Vaterlandsliebe, die Wahrheits- und Gerechtigkeitsliebe oder an die

Liebe zum Schicksal oder auch die Liebe zu Gott.

Wenn wir bei alldem von Liebe sprechen, muß damit etwas gemeint sein, was unabhängig davon ist, wem sie sich zuwendet, müssen wir offenbar eine Liebesfähigkeit oder eine Liebesbereitschaft besitzen, die sich betätigen will und sich jemanden oder etwas sucht, den sie lieben kann. Für diese Liebesfähigkeit ist es anscheinend charakteristisch, daß sie in allen ihren Formen uns von uns fort-, über uns hinausführen will, daß sie mit dem Drang verbunden ist, uns jemandem liebend zuzuwenden oder einem Etwas, das nicht wir selbst sind. So ist das Gemeinsame bei allen Formen des Liebens offensichtlich eine gewisse Selbstentäußerung, ein grenzüberschreitendes Transzendieren, das wohl letztlich aus der Sehnsucht stammt, die trennende Schranke zwischen uns und einem Du oder zwischen uns und etwas, das anders oder mehr ist als wir selbst, zu überwinden oder wenigstens vorübergehend aufzuheben.

Vielleicht haben wir damit die tiefste Wurzel alles Liebenwollens verstanden: die Sehnsucht, die einengenden Grenzen unserer Ichhaftigkeit, unserer Ichbezogenheit zu überschreiten und durchlässig zu werden für etwas außer uns selbst, dem wir uns liebend zuwenden. Und diese liebende Zuwendung bedeutet zunächst ganz schlicht, daß wir dem wohlwollen, dem sie gilt, worin wohl die allgemeingültigste Form alles Liebens besteht.

Unser Leben ist aber auf allen Ebenen und immer antinomisch angelegt; alles Leben spielt sich zwischen polaren, jedoch sich ergänzenden Impulsen ab. So steht der Liebesbereitschaft, der lieben-

12

den Hinwendung auf anderes als uns selbst, unser Selbsterhaltungstrieb gegenüber, nach dem, wie das Sprichwort sagt, jeder sich selbst der Nächste ist. Zwischen diesen beiden Urgewalten spielt sich letztlich unser Leben ab: Auf der Seite der Liebesbereitschaft im weitesten Sinne liegt unser Bedürfnis nach Kommunikation, nach Hingabe und dem Austausch zwischen Ich und Nicht-Ich, nach jenem grenzüberschreitenden Transzendieren, das uns uns selbst vergessen läßt; und auf der Seite der Selbsterhaltung liegt unser Bedürfnis nach Selbstbewahrung und Abgrenzung, nach Unabhängigkeit und Autonomie unserer Persönlichkeit, letztlich nach Selbstverwirklichung. Selbstbewahrung und Selbsthingabe sind wohl die beiden tiefsten Strebungen unseres Lebens; beide sind uns angeboren und insofern nicht mehr ableitbar zu uns gehörend; sie ergänzen sich gegenseitig, bedingen einander und machen uns in ihrer Ergänzung überhaupt erst lebensfähig, wie wir es am klarsten schon an der Atmung sehen können: Der rhythmische Wechsel von Einatmen und Ausatmen ist die erste Grundbedingung unseres Lebendigseins, ohne die wir nicht existieren können, und darüber hinaus vielleicht ein Gleichnis dafür, daß alles Leben solchem rhythmischen Wechsel unterliegt, den wir auch in der Systole (Zusammenziehung) und Diastole (Ausdehnung) des Herzens und in allen Stoffwechselvorgängen wiederfinden.

Dieser Vorgang des Ein- und Ausatmens, in dem wir gleichsam die Urform der Selbstbewahrung und der Selbsthingabe sehen können, hat aber noch einen eigentümlichen Aspekt, den wir im allgemeinen nicht beachten. Oskar Adler hat ihn gleichnishaft einmal so beschrieben: Wenn wir einatmen, atmet der Kosmos gleichsam in uns aus, und wenn wir ausatmen, atmet uns der Kosmos gleichsam ein. Fühlen wir uns in dieses wechselseitige Geschehen tiefer ein, müssen wir wohl daraus folgern, daß wir in allem lebendigen Geschehen immer zugleich Subjekt und Objekt sind. In diesem Gleichnis ist die Vielschichtigkeit aller Lebensvorgänge angedeutet, der immerwährende Austausch zwischen Handeln und Erleiden, Geben und Empfangen, dem wir auch in der Liebe immer wieder begegnen. Denn auch in der Liebe sind wir immer Subjekt und Objekt zugleich. Die einseitige Redeweise von einem »Liebesobjekt«, die in der Psychoanalyse üblich geworden ist, bezieht diese Vielschichtigkeit nicht ein und erweckt in uns die Illusion, die allein Handelnden zu sein – eine Selbsttäuschung, die hier wie auf anderen Lebensgebieten verhängnisvoll geworden ist und deren Folgen wir heute bitter genug erfahren; denn wir haben die Welt zu einseitig zu einem Objekt gemacht, das wir glaubten uneingeschränkt ausbeuten zu können, und nun werden wir durch die Folgen unseres Tuns und Verhaltens, die wie ein Bumerang auf uns zurückkommen, zum Objekt gemacht.

Vielleicht ist das »Sexualobjekt«, wie die Psychoanalyse den jeweiligen Liebespartner zu bezeichnen pflegt, eine männliche Erfindung, zugleich eine grobe Vereinfachung – sehen wir im Partner ein Liebes- oder Sexual-»Objekt«, machen wir ihn zum nur Empfangenden, an und mit dem etwas geschieht oder getan wird, das er scheinbar passiv mit sich geschehen läßt. Aber wo im Bereich des Lebens gibt es das jemals in einer zwischenmenschlichen Kommunikation, geschweige denn in der Liebe?

Jede Aktion setzt unvermeidlich eine Reaktion, und wo wir allein handelndes Subjekt zu sein glauben, macht uns die Reaktion des »Objektes« zum Objekt dieser seiner Reaktion. Und vielleicht ist es der eigentliche Sinn der Liebe, daß wir, in der wohlwollend-liebenden Zuwendung zu einem Partner im weitesten Sinne, als seine Reaktion die gleiche wohlwollend-liebende Zuwendung von ihm erfahren. Lieben heißt daher sicher nicht, ein anderes zu seinem Objekt zu machen, sondern es als Subjekt und damit in seiner Eigen-Art zu meinen und zu lieben, zu verstehen und zu fördern. Eine Mutter, die ihr Kind zum Liebesobjekt machen möchte, gesteht ihm sein Subjekt-Sein nicht zu und liebt es daher nicht eigentlich; indem sie aber selbst im Subjekt-Sein verbleiben möchte, konstelliert sie unausweichlich, daß sie selbst zum Objekt gemacht wird: entweder dadurch, daß sich das Kind irgendwann von ihr abwendet und sie damit zum Objekt seines von ihr dann als Undank empfundenen Verhaltens macht; oder dadurch, daß sie in Abhängigkeit von dem Kind gerät, weil sie es nicht freigeben kann für seine Eigenentwicklung und damit zum Objekt ihrer eigenen Macht- und Besitzwünsche oder ihrer Verlustängste wird.

Während nun unser Selbsterhaltungstrieb der wohl tiefste Instinkt unseres Wesens ist, der uns angeboren ist und nicht erlernt zu werden braucht, muß unsere Liebesfähigkeit – wie alle anderen über

15

bloßes Instinktverhalten hinausreichenden Fähigkeiten, die als Möglichkeit in uns angelegt sind – erst einmal angesprochen und geweckt werden; sie braucht bestimmte Bedingungen, um sich entfalten zu können. Damit hat unsere Liebesfähigkeit einen Anfang und eine Entwicklungsgeschichte, eine Entwicklungsgeschichte, die mit unserer Geburt beginnt. Dieser Entwicklungsgeschichte der Liebesfähigkeit wollen wir uns nun zuwenden. Wie alles neu sich Entwickelnde ist auch die Liebesfähigkeit in ihren Anfängen besonders verletzlich und störbar, bedarf daher zu ihrer Entfaltung besonderer Behutsamkeit und Wachsamkeit. Diese Verletzlichkeit am Beginn jedes Liebens bleibt auch im weiteren Leben bestehen; aber später haben wir die Möglichkeit der Wahl und der Entscheidung in der Liebe; bei den ersten Ansätzen der Entwicklung unserer Liebesfähigkeit dagegen sind wir in schicksalhafter Weise auf eine mitmenschliche Umwelt, die wir uns nicht auswählen konnten, angewiesen und von ihr abhängig – auf unsere soziale Umwelt, auf unsere Eltern und Geschwister und insbesondere natürlich auf unsere Mutter, die uns in unserer Frühzeit am nachhaltigsten zum Schicksal werden kann, im guten wie im bösen Sinne. Zugleich ist alles Sich-entfalten-Wollende in seinen Anfängen noch besonders plastisch und damit auch besonders nachhaltig prägbar, wodurch alle Ersteindrücke und Ersterfahrungen so große Bedeutung bekommen; sie wirken vorformend auf seine Weiterentwicklung, und so sind alle Anfänge besonders schicksalsträchtig.

Am Beginn der Entwicklungsgeschichte unserer

16

Liebesfähigkeit steht üblicherweise die Gestalt der Mutter; die von ihr empfangene Liebe weckt die ersten Keime unserer eigenen Liebesbereitschaft, und das gibt der Mutter eine schicksalhafte Bedeutung in unserer Frühstzeit, die wir uns gar nicht groß genug vorstellen können. War man früher meist der Ansicht, daß die Liebe »durch den Magen« gehe, daß sie also allein schon durch bloße materielle Bedürfnisbefriedigung entstehe, so wissen wir heute, daß diese materielle Bedürfnisbefriedigung zwar unerläßliche Bedingung dafür ist, daß das Kind am Leben bleibt, daß sie aber nicht ausreicht, um die Liebesfähigkeit in uns zu wecken, ja nicht einmal dafür ausreicht, uns am Leben zu erhalten: Wir wissen heute, daß die verläßliche liebende Zuwendung eines Menschen in unserer Frühzeit zu den elementarsten Notwendigkeiten gehört, damit sich ein Kind seelisch und leiblich gesund entwickeln kann; die bloße materielle Versorgung ohne eine mitmenschliche Zuwendung und Bindung läßt das Kind verkümmern, kann irreparable Schädigungen setzen, zumindest seine Entwicklung verzögern oder Entwicklungslücken bedingen, die schwer aufzuholen sind.

So ist schon in den Anfängen unserer Liebesbereitschaft die erfahrene Liebe mehr als nur Fürsorge, Ernährtwerden und Körperpflege. Es muß dazu noch jenes Etwas hinzukommen, das die Liebe erst ausmacht – und das gilt im weiteren Leben ebenfalls für alles Lieben. Sollten wir nicht allein daran schon erkennen, daß das Materielle zwar immer die Lebensbasis abgibt, ohne die wir nicht zu existieren vermöchten, da wir nun einmal auch einen Leib mit seinen Bedürfnissen haben, daß aber erst die Liebe im Empfangen und Geben uns eine volle menschliche Entwicklung ermöglicht, was ihr eine so einmalige Bedeutung verleiht?

Versuchen wir, uns diese Bedeutung noch klarer zu machen: Im Vergleich mit anderen Lebewesen ist das Kind in einer viel längeren und totaleren Abhängigkeit von seiner frühen Umwelt. Sehen wir diese lange Abhängigkeit nicht nur als eine biologische Tatsache an, sondern fragen wir nach ihrem Sinn für unser Leben, so kann dieser wohl nur darin liegen, daß wir erst durch jene langanhaltende völlige Abhängigkeit und das Angewiesensein auf die liebende Zuwendung eines Menschen die Chance haben, Eigenschaften entwickeln zu können, die uns recht eigentlich erst menschlich machen: Liebesbereitschaft, Vertrauen, Hoffnung und Dankbarkeit – Eigenschaften zugleich, die uns die Freude am Da-Sein und die Liebe zum Leben ermöglichen. Und zugleich liegt in dieser langen Abhängigkeit auch der Hinweis, daß jene Eigenschaften zu ihrer Entfaltung Zeit brauchen wie alle Fähigkeiten, die mehr als angeborene Instinktverhalten sind. Diese notwendige Zeit für ihre Entfaltung wird aber erst durch die lange Abhängigkeit ermöglicht, wenn auch nicht garantiert – denn dafür bedarf es noch weiterer Bedingungen, die erfüllt sein müssen, wie wir sehen werden. Auch das gilt für alles weitere Lieben im späteren Leben: Es braucht Zeit, um sich entfalten zu können, und wenn wir uns diese Zeit nicht nehmen, kommen wir über die Vorstufen des Liebens nicht hinaus.

Die Natur hat es nun weise eingerichtet, daß das

Kleinkind im allgemeinen so leicht zu lieben ist; seine Hilflosigkeit erweckt unsere fürsorglichen Instinkte und unsere Zärtlichkeit; sein völliges auf uns Angewiesensein spricht unsere Großmut an; das Wunder eines neuen Lebens erweckt Erwartungen, Hoffnungen und Wünsche in uns, und die Vorstellung oder das Bewußtsein, an der Erhaltung und Entfaltung dieses Lebens entscheidenden Anteil zu haben, gibt uns das Gefühl der Verantwortung und Unersetzlichkeit, die wir mit Stolz und Beglückung erleben.

So schafft – oder sollte schaffen – die lange hilflose Abhängigkeit des Kindes von der Mutter die Möglichkeit für die Entfaltung wesentlicher menschlicher Eigenschaften in uns. Das setzt allerdings unter anderem voraus, daß sie eine gute Mutter ist und daß sie dem Kind genügend Zeit widmen kann. Die Befreiung von der Arbeit nach der Entbindung, die der Mutterschutz heute im allgemeinen auf acht Wochen befristet, ist sicher nur ein Minimum, bei weitem nicht das Optimum des hier Notwendigen; es läßt aber immerhin die gegenüber früheren Vorstellungen wachsende Einsicht erkennen, wie wichtig die Gegenwart der Mutter in den ersten Lebenswochen und -monaten für die kindliche Entwicklung ist – wichtig auch für die volle Entfaltung ihrer Liebe zu dem Kind, denn auch die Mutter braucht Zeit, um das Kind verstehen und lieben zu können, um in dieser Frühzeit die vertraute symbiotische Beziehung mit dem Kinde herstellen zu können, die ihm die bestmöglichen Entwicklungsbedingungen schafft. Wir können die Mutterliebe nicht vorschreiben, aber wir können

19

sozial vieles dafür tun, um sie den Müttern zu ermöglichen, zu erleichtern. Wir würden viel menschliches und soziales Elend vermeiden, zumindest mildern können, wenn wir, der Bedeutung der Frühzeit des Kindes für seine Weiterentwicklung Rechnung tragend, alles uns Mögliche dazu tun würden, Müttern und Kindern die hier notwendigen günstigsten Bedingungen zu schaffen, soweit sie in unsere Hand gelegt sind.

Die innige Verbundenheit mit der Mutter sollten wir zumindest als Kleinkind alle erfahren dürfen. In den Augen einer guten Mutter erlebt sich das Kind gespiegelt in jener Unbedingtheit des Sich-geliebt-Fühlens, nach der wir uns unser ganzes Leben hindurch zurücksehnen, die wir in jeder Liebe wiederzufinden hoffen. Aber auch das hoffen wir wiederzufinden, daß wir von einem Partner die gleiche Sicherheit widergespiegelt bekommen, daß unsere eigene Liebe ihn so beglückt, wie sie einst die Mutter beglückte. In solchem Geben und Empfangen entfalten sich die ersten Keime unserer liebenden mitmenschlichen Kommunikation. Das Gefühl unbedingter Geborgenheit vermittelt uns, wenn wir es erleben durften, ein Lebensgrundgefühl, daß es eine Freude ist, einfach dazusein; alle unsere Wünsche und Bedürfnisse werden ohne unser Zutun erfüllt und befriedigt, es werden noch keine Ansprüche und Forderungen an uns gestellt. Die Sehnsucht nach diesem verlorenen Paradies, aus dem wir herauswachsen müssen, hat wohl dazu geführt, daß wir die Vorstellung der Rückkehr in ein Paradies nach dem Tode erhoffen, in die gleiche zeitlose Geborgenheit und Glückseligkeit, von der wir im

Grunde unseres Wesens noch eine Ahnung in uns tragen können.

Wenn wir als das Gemeinsame in allen Formen des Liebens jenes Transzendieren erkannten, das uns über uns selbst hinausführt, läßt sich daraus schließen, daß Liebe immer mit einem gewissen Selbstopfer verbunden ist. Schon die Bereitschaft, uns einem anderen überhaupt zuzuwenden, ihn verstehen und uns in ihn einfühlen zu wollen, setzt voraus, daß wir ihm in uns Raum geben, uns ihm gegenüber öffnen. So gehört zum Lieben immer auch die Selbstvergessenheit, das Von-sich-absehen-Können, jenes Selbstopfer, das wir mit der Hingabe meinen. Ob wir dabei nach der Er-gänzung, nach der »Ganzheit« suchen, die wir in einem Du zu finden hoffen; ob wir uns von der Angst vor der Einsamkeit und Verlassenheit des Individuums befreien wollen im Austausch zweier Erlebniswelten oder im Zugehören zu einem Partner oder einer Gemeinschaft; ob wir lieben und geliebt werden wollen – immer suchen wir nach jemandem oder etwas außer uns; und zutiefst steht dahinter wohl die Sehnsucht nach der Selbstfindung, die ohne einen Partner im weitesten Wortsinn nicht zu erreichen ist, denn ohne Kommunikation gibt es keine Individuation. Und die Selbstfindung gelingt uns um so reicher, je mehr wir unsere egoistische Ichbefangenheit vergessen.

Wir haben aber allem Schönen und uns Beglückenden gegenüber die Sehnsucht, daß es dauern möge; wir möchten unverändert festhalten, was wir lieben, in der Ungetrübtheit und Intensität, mit der wir es zuerst erlebten. Wir möchten den »Zauber des Anfangs«, von dem Hermann Hesse in einem Gedicht spricht, festhalten und ihm Dauer verleihen – eine Dauer, die uns weder in der Liebe noch sonst gegeben ist. Solange wir glauben, etwas unverändert beibehalten, es gleichsam aus der Zeit herausnehmen zu können, solange wir es vor der Wandlung, damit aber auch zugleich vor der Entwicklung bewahren möchten, die ja immer auch Veränderung meint, entgleitet es um so sicherer unseren Händen. Denn die Entwicklung ist es gerade, die, scheinbar paradox, erst Dauer gewährt. Die Verzauberung und Beglückung, die Erschütterung und das Ergriffensein, die Leidenschaftlichkeit und die Steigerung unseres Lebensgefühls, die am Anfang einer Liebe stehen, lassen sich nicht unverändert festhalten – denn dafür müßte die Zeit stillstehen, und wir selbst und das Du dürften sich nicht verändern, weder innerlich noch äußerlich. Liebe muß sich demnach wandeln können, muß sich von dem Fließen der Zeit, dem alles Lebendige unterliegt, ergreifen lassen, denn nur so kann sie andauern; nur dem Unveränderlichen ist keine Dauer gewährt.

Die griechische Legende von Endymion schildert diesen Wunsch nach Dauer und Unveränderlichkeit besonders eindrucksvoll: Dem schlafenden Jüngling Endymion drückte die Göttin Selene einen Kuß auf die Stirn, der ihn mit solcher Glückseligkeit erfüllte, daß er den Göttervater bat, ewig leben zu dürfen, in ewiger Jugend und ewigem Schlaf – Zeus erfüllte ihm die Bitte. Etwas von diesem Endymion ist in uns allen; aber die Legende zeigt uns auch, um welchen Preis die Erfüllung dieser Sehnsucht nach ewiger Dauer allein möglich wäre: Wir müßten unsterblich sein, ewig jung bleiben, egoistisch nur empfangend in uns selbst begrenzt, und wir dürften zugleich nicht zum Bewußtsein unser selbst erwachen.

So scheinen die Zeit und die Bewußtheit die großen Feinde der Liebe zu sein – die Zeit, die nie stillsteht, die uns wandelt und verwandelt, die uns altern und weniger liebenswert werden läßt, und die Bewußtheit unser selbst, die uns aus träumendem Dahindämmern wieder zum Bewußtsein der Wirklichkeit erwachen läßt, in der wir Ich und Du wieder als getrennt erleben und um die Vergänglichkeit wissen. Viele suchen daher immer wieder jenen Zauber des Anfangs, um die Illusion der Dauer beibehalten zu können, lernen aber so auch immer nur den Anfang des Liebens kennen. Denn die Liebe hat nicht nur jenen Zauber des Anfangs, sie hat auch die Möglichkeit, sich zu entwickeln, sich zu vertiefen in immer größere Durchlässigkeit für das, was wir lieben – Liebe kann reifen, und in dieser Wandlungsmöglichkeit liegt eine neue, andere Form der Dauer, in der die Zeit nicht mehr nur zum Gegner wird, sondern solche Entfaltung erst gewährt. Wer immer nur wieder die Beglückung neuer Anfänge sucht, lernt die Liebe in dieser ihrer reifenden und uns vertiefenden Form nie kennen. So enthält die Zeit immer auch die Chance für das vertiefende Wachsen einer Liebe, und polar ergänzend zur Bedrohung als Vergänglichkeit kann uns die Zeit auch Dauer ermöglichen.

Ähnlich verhält es sich mit der Bewußtheit unser selbst; wollten wir die Selbstvergessenheit als

Dauer anstreben, läge darin keine Entwicklungsmöglichkeit mehr, sondern es käme zur Stagnation in der Beziehung; das Aufgeben unseres Ichbewußtseins ist uns nur für Augenblicke gewährt; indem wir uns wieder in uns selbst zurücknehmen müssen, kommt es erst zu der fruchtbaren Spannung zwischen Ich und Du, die für beide bereichernd werden kann.

Aber mit dem Wunsch nach unveränderter Dauer haben wir nur die eine Seite der Gefährdung der Liebe aufgezeigt, die ihr durch die Vergänglichkeit droht. Wir haben aber neben diesem Wunsch nach der Dauer auch den Wunsch nach Veränderung, nach Neuem, nach der Wandlung, und dies wiederum um so intensiver, je weniger wir einer Partnerschaft Entwicklungsmöglichkeiten und Wandlungen zugestehen wollen, je weniger wir die Bereitschaft haben, die Entwicklung eines Du zu bejahen und ihm unsere Liebe nicht zu entziehen, wenn es nicht mehr dem Wesen entspricht, das zu lieben wir ursprünglich bereit waren. Je gleichförmiger wir eine Liebesbeziehung leben, um so mehr drohen Gewohnheit, Abstumpfung und Langeweile, die die Liebe ersticken. Dann lebt man nebeneinander her statt miteinander und füreinander, man hat sich »nichts mehr zu sagen«, und unterschwellig schwelt oder tritt offen zutage der Haß, das Mißtrauen, die Gleichgültigkeit und Lieblosigkeit. Dann sucht man nach neuen Erlebnissen und erwartet von ihnen neue Anreize und Bereicherung, bis auch sie wieder Gewohnheit geworden sind, denn der Wechsel der Beziehungen allein gibt nicht die gesuchte Befriedigung.

Es gibt keine Garantien dafür, daß unsere Liebesbereitschaft einem geliebten Wesen gegenüber sich erhalten läßt – wir selbst verändern uns mit der Zeit und der andere auch, und es wird um so schwerer, unsere Liebesbereitschaft zu erhalten, je mehr sie an Äußerlichkeiten und an bestimmte Wunschvorstellungen von einem Du gebunden war. Alle Entwicklungen belasten unser Liebesvermögen, werden zur Forderung, neu und anders zu lieben, oder führen zum Zurücknehmen unserer Liebe. Die romantische Vorstellung einer unwandelbaren, durch nichts gefährdeten Liebe entspricht nicht nur nicht der Wirklichkeit des Lebens, sie wird auch leicht zu einer Erwartung, in der dann schon der Keim der Ent-täuschung liegt – die Liebe ist als Phänomen großartig genug, wir brauchen sie nicht noch romantisch zu idealisieren.

So liegt in jeder Liebe die Forderung zur Wandlung: Wie wir das heranwachsende Kind nicht mehr mit der gleichen unbedingten und fraglosen Liebe weiterlieben können wie das Kleinkind; wie sich unsere Liebesfähigkeit mit und an dem Kind weiterentwickeln und reifen, erwachsen werden muß wie das Kind selbst; wie die Kindesliebe von echohaftem Antworten und selbstverständlicher Liebeserwartung reifen muß zur eigenen Liebesbereitschaft, die auch Versagungen und Enttäuschungen überdauert, so muß sich jede Liebe wandeln und reifen, will sie lebendig bestehen bleiben.

So wird uns die – fast möchte ich sagen – Zumutung deutlich, die allem Lieben auferlegt ist und es so erschwert: Das, was wir ursprünglich lieben an einem anderen, bleibt sich nicht gleich; und nicht genug damit, wir selbst bleiben auch nicht, die wir waren. Daher ist es um vieles leichter, etwas zu lieben, was sich nicht verändert: die Erinnerung, die Vergangenheit, einen Toten oder eine Idee. Darum ist es auch leichter, die Liebe selbst zu lieben, als das Du, denn dann hängt unsere Liebesbereitschaft nur noch von uns selbst ab; und selbst eine unglückliche Liebe ist weniger gefährdet durch die Zeit und durch die Entwicklung des anderen – sie hängt viel mehr von uns selbst ab und kann nur mit uns selbst aufhören. Darum ist es auch leichter, etwas zu lieben, das sich leicht ersetzen läßt durch Ähnliches – und etwas oder jemand läßt sich um so leichter durch Ähnliches ersetzen, je weniger tief und individuell bezogen wir geliebt haben. So fordert die Liebe zu etwas Lebendigem von uns, dies Lebendige durch alle seine Entwicklungen und Wandlungen hindurch zu lieben; hierin liegt die Großartigkeit der Liebe, aber auch ihre Gefährdung. Immer werden wir schwanken zwischen dem Wunsch, das, was wir lieben, immer tiefer und umfassender zu lieben, und dem entgegengesetzten Wunsch, die Liebe immer wieder an neuen Menschen und in neuen Gestalten zu erleben. Droht der einen Form der Liebe die Gewohnheit und Abstumpfung, so der anderen die Verflachung und Austauschbarkeit.

Von der Mutterliebe

Wir hatten gesehen, daß das menschliche Leben antinomisch angelegt ist und sich immer in der lebendigen Spannung zwischen sich polar ergänzenden Antrieben vollzieht; in diesem Zusammenhang hatte ich von der Selbstbewahrung und der Selbsthingabe als den beiden wohl elementarsten polaren Impulsen unseres Lebens gesprochen. Da aber lebendige Abläufe von polaren, sich ergänzenden Impulsen gesteuert werden, bedeutet das immer zugleich, daß kein einzelner solcher Impulse sich verselbständigen, ausfallen oder überwertig werden darf, soll nicht das lebendige Gleichgewicht in Frage gestellt werden, auf dem alle gesunden Entwicklungen beruhen.

An der Entwicklung des Kindes läßt sich das besonders gut erkennen; es befindet sich von der Geburt an in dieser antinomischen Spannung zwischen Selbstbewahrung und Selbsthingabe, die wir auch Selbstbehauptung und Anpassung nennen können – eine meist konfliktreich erlebte Polarität, die uns durch unser ganzes Leben begleitet. Beim Herauswachsen aus der frühen völligen Abhängigkeit von der Mutter entfaltet das Kind mehr und mehr seinen Eigenrhythmus und Eigenwillen, seine Eigenbedürfnisse, und gerät damit in die Auseinandersetzung mit seiner Umwelt. Es muß dann entweder notwendige Anpassungen und auch Verzichte leisten, oder es kann sich mit seinen Bedürfnissen weitgehend durchsetzen; in einer gesunden Entwicklung pflegen sich Anpassung und Eigenbedürfnis so einzuspielen, daß keine schwereren Schädigungen oder Störungen die Entwicklung treffen. Neben sozialen und materiellen Bedingungen, die dafür notwendig sind, ist die Mutterliebe, wie wir sahen, der wichtigste Garant für das gesunde Heranwachsen des Kindes.

Aber gerade an der Mutterliebe können wir erkennen, wie dicht bei allem Lieben Chance und Gefahr beieinanderliegen. Sowohl das Beglückende alles Liebens wie das Gefährdende aller Bindung können wir an ihr sehen: die belebende Kraft sowohl, die dem Kinde das Gefühl der eigenen Liebenswürdigkeit gibt und die es befähigt, seinerseits zu lieben, lieben zu wollen, als auch die Neigung aller Liebe, das geliebte Wesen für sich behalten zu wollen, es an sich zu binden und seine Gegenliebe nicht nur zu erwarten, sondern auch zu fordern, und es so für seine Eigenentwicklung nicht freizugeben.

So liegt in der Mutter-Kind-Beziehung, die ja die erste Partnerschaft in unserem Leben ist, schon viel von dem, was auch im späteren Leben das Beglückende wie das Gefährdende in partnerschaftlichen Beziehungen ausmacht. Es gehört zur Liebe, daß sie die Liebe und die Nähe des geliebten Wesens sucht, eine enge Bindung erstrebt, und hierin können wir sowohl den Segen wie den Fluch aller Bindung erfahren. Der Segen der Mutterliebe liegt für das Kind im Erleben des unbedingten Bejahtwerdens in seiner Wesensart sowie in der Erfahrung, daß es selbst auch etwas zu geben hat, daß sein Dasein und seine Liebe einem anderen Menschen einen Wert bedeuten, ihn beglücken. Das Kind nimmt in seiner Frühzeit das Bild und das Wesen der Mutter mit allen Sinnen in sich auf, es prägt sich die Mutter ein, und wenn es ein gutes

Mutterbild war, das es sich hier einprägen konnte, nimmt es aus dieser Zeit die fraglose Sicherheit in sein weiteres Leben mit, liebenswert zu sein und durch seine eigene Liebesfähigkeit anderen etwas zu bedeuten. Denn die Erfahrungen der Frühzeit schlagen sich in der kindlichen Seele als Ersteindrücke von der Welt und den Menschen nieder und werden zu einem unbewußten Lebensgrundgefühl, aus dem heraus wir leben, das unseren Seinsgrund wesentlich ausmacht, auch wenn unser Gedächtnis und unser Erinnerungsvermögen später nicht mehr so weit zurückreichen, daß wir uns unserer Anfangszeit bewußt sind.

Der Fluch der Mutterliebe liegt darin, das Kind in Abhängigkeit von sich zu halten, Dankbarkeit und Liebe von ihm zu fordern, statt sie sich entwickeln zu lassen. Wenn die Mutter die Liebe des Kindes zu sehr für sich selbst braucht und beansprucht, weil ihr Leben nicht erfüllt, sie in der Partnerbeziehung enttäuscht ist oder weil sie ganz einfach selbst Kind geblieben ist, bekommt das Kind bei allen fälligen Entwicklungsschritten, die zunehmend die Ablösung aus der engen Mutterbindung erfordern, Schuldgefühle, weil es die Mutter damit traurig macht. Anstatt also seine Entwicklung mit Stolz und Freude zu erleben, die wachsende Selbständigkeit und Unabhängigkeit bejahen zu können, spürt es die Enttäuschung der Mutter und deren Angst, es zu verlieren. Das kann für das Kind einen tragischen, weil unlösbaren Konflikt entstehen lassen; es muß dann entweder die Mutter enttäuschen und es wagen, aus ihrer Liebe zu fallen, oder es muß ihr zuliebe auf die eigene Entwicklung in vieler Hinsicht verzichten und Kind bleiben. Von ähnlicher Tragik ist es auch, wenn die Mutter oder die Eltern Liebe vom Kind erwarten oder fordern, nur weil sie seine Eltern sind, ohne sich zu bemühen, sich ihrerseits auch liebenswert zu machen. Sie stützen sich dabei meist auf das vierte Gebot, das in merkwürdiger Einseitigkeit nur die kindliche Verehrung fordert, aber nicht ausspricht, daß die Eltern sich diese Verehrung verdienen müssen – wir täuschen uns wohl nicht, wenn wir darin den Ausdruck einer autoritären Einstellung zum Kinde sehen, die eine so scharfe Trennung zwischen seiner und der Welt der Erwachsenen aufrichtete, daß in beiden Welten verschiedene Maßstäbe gelten.

Auch darin gleicht die Mutterliebe späterem Lieben, daß wir zumeist meinen, Lieben sei ein Zustand, den wir haben und unverändert beibehalten können. Aber gerade an der Mutterliebe können wir schon erkennen, daß Liebe sich wandeln muß in der Zeit: Was für das Kleinstkind gut und unerläßliche Lebensnotwendigkeit war – die liebende Fürsorge der Mutter, ihre Verläßlichkeit im Erraten seiner Wünsche und im Stillen seiner Bedürfnisse, sein Angewiesensein auf sie und seine Bindung an sie –, wird für das heranwachsende Kind zur Gefahr zu enger Bindung, zu langer Unselbständigkeit und damit zur Entwicklungshemmung. Eine Mutter, die nicht bereit oder fähig ist – aus welchen Motiven auch immer –, ihre Liebe zu dem Kind mit dessen Entwicklung auch zu entwickeln und zu wandeln, wird unvermeidlich zur Gefahr für das Kind. Diese Gefahr aber kann das Kind nur schwer erkennen, weil sie aus Liebe zu entstehen scheint und weil es keine Vergleichsmöglichkeiten hat – Mütter sind eben offenbar so, wie die eigene Mutter ist, denn wie soll das Kind wissen, daß Mütter sehr verschieden sein können? Das Kind kennt ja nur seine eigene Umwelt und seine Mutter, die für es *die* Welt und das Mütterliche verkörpern; und da Ersteindrücke, wie wir hörten, immer am tiefsten prägend sind, beginnt schon hier die individuelle Lebensgeschichte eines Menschen, werden hier entscheidende Weichen gestellt, die oft ein ganzes Leben lang wirksam bleiben.

Das heranwachsende Kind braucht eine andere Liebe von der Mutter, von den Eltern, und es stellt zugleich andere Ansprüche an die Liebesbereitschaft der Eltern. Unmerklich muß die Liebe der Mutter das Kind mehr und mehr loszulassen bereit sein, muß es freigeben für sein eigenes Leben, und an diesem wachsenden Selbständigkeitsanspruch des heranwachsenden Kindes scheitert die Mutterliebe nur zu oft; ihre zuerst schenkende Liebe wird zu egoistischem Festhalten-Wollen des Kindes mit dem Anspruch, von ihm wie früher weitergeliebt zu werden. Dann verfolgt die Mutter die Entwicklung des Kindes mit Angst, Intoleranz oder mit lebensfeindlichen Einschränkungen, um es nicht zu verlieren – sie verliert es aber nur um so sicherer, es sei denn, daß das Kind schon nicht mehr die Kraft hat, sich von ihr loszusagen, oder daß es sich für sie opfert, weil es von der Mutter erpreßt wird durch Krankheit oder Depressionen bis zu Selbstmordandrohungen. So zerstört die Mutter das Wichtigste, was sie dem Kind mitgeben könnte: die Freude am Dasein und an seiner eigenen Entwicklung.

Die Mutterliebe ist oft durch idealisierte Vorstellungen und unerfüllbare Forderungen übermäßig strapaziert worden; das hat es mit sich gebracht, daß viele Mütter unrealistische Erwartungen an ihre Mutterliebe gestellt haben und unnötige Schuldgefühle bekamen, wenn sie diese Idealforderungen nicht genügend erfüllen konnten. Sie meinten, ihr Kind immer und nur lieben zu müssen, nahmen es sich übel, wenn sie zwischendurch – unvermeidlichen – Zorn auf das Kind bekamen oder wenn es ihnen auf die Nerven ging, indem es sie reizte. Ein Kind will aber damit gerade ausprobieren, wieweit es die Mutter reizen kann. Statt ihm eine bestmögliche Mutter mit ihren eigenen Fähigkeiten zu sein, erwarten viele Frauen von sich, eine perfekte und ideale Mutter zu sein, die aber, wenn es sie überhaupt geben könnte, für das Kind nicht einmal gut wäre, weil es sich mit ihr nicht auseinandersetzen könnte und von sich die gleiche Vollkommenheit fordern müßte, um ihr zu genügen, oder aber weil es immerwährend das Bewußtsein seiner Minderwertigkeit erleben müßte vor soviel Vollkommenheit der Mutter.

Eine gute Mutter sollte es dem Kind ermöglichen, daß es aus dem erlebten Geliebt-worden-Sein die Bereitschaft entwickelt, sich der Welt vertrauend zu öffnen, sie »anzunehmen« und unbefangen in Kommunikation mit anderen Menschen zu treten. Sie ermöglicht ihm damit die Fähigkeit, das Leben trotz aller Schwierigkeiten und Belastungen lieben zu können, seine Eigenständigkeit ohne Schuldgefühle zu bejahen und aus sich heraus freiwillig andere zu lieben. Wir müssen selbst erst einmal geliebt worden sein, um lieben zu können; wer das in seiner Kindheit nie oder zu wenig erfahren hat, für den ist es um vieles schwerer, wenn nicht unmöglich, lieben zu lernen, denn er müßte ja etwas geben, was er nie empfangen hat, so daß für ihn die christliche Forderung, seinen Nächsten wie sich selbst zu lieben, entweder eine Überforderung wäre oder aber, wörtlich genommen, die Weitergabe des eigenen Ungeliebtseins, die Unfähigkeit zur Selbstliebe. Eigentlich dürften wir daher nur von uns fordern, unseren Nächsten so zu lieben, wie wir selbst geliebt wurden, und im wirklichen Leben ist das oft genug auch der Fall. Um so wichtiger ist es, zu erkennen, daß die erste Bedingung für unser eigenes Lieben-Können ist, daß wir uns selbst einmal als liebenswert erfuhren; denn Lieben bedeutet ursprünglich, die Liebe zu sich selbst auf andere zu übertragen.

Natürlicherweise sucht Liebe Gegenliebe, und es wäre eine Überforderung, eine selbstlose Liebe von sich zu erwarten; Lieben ist immer Geben *und* Empfangen, nicht nur Geben und nicht nur Empfangen. Auch die Mutterliebe, die ja soviel Selbstlosigkeit und Opferbereitschaft erfordert, erhofft die Gegenliebe des Kindes, soll sie nicht zur selbstauferlegten Pflicht werden. Die Liebe, und vor allem die Mutterliebe ist zu oft stilisiert worden zur sogenannten »reinen« und selbstlosen Liebe. Vielleicht vermögen es einige Menschen, so selbstlos zu lieben, vielleicht Heilige; aber im allgemeinen wollen wir wiedergeliebt werden, wenn wir lieben, auch als Mütter. Aber wir sollten nicht übersehen, daß Lieben an sich etwas Beglückendes ist, was wir um so weniger kennenlernen, je mehr wir das Geliebt*werden* anstreben. Lieben als schlichtes Tun ohne Zweck, ohne Erwartung von Gegenliebe im üblichen Sinn, kann uns durchlässig machen für alles, dem wir uns liebend zuwenden; und solcher Zuwendung öffnen sich die Menschen und die Dinge und verraten uns Geheimnisse, die wir sonst nicht erfahren, die erst durch das Selbstopfer zugänglich werden. In diesem Sinne ist Liebe nie verschwendet; am reinsten verkörpern diese Form der Liebe die Mystiker. In gewissen Grenzen, die von unserer Persönlichkeitsentwicklung abhängen, können wir alle etwas von dieser Liebe erfahren, denn sie ist letztlich nur gebunden an die Fähigkeit oder Bereitschaft, immer mehr ohne die Erwartung der Gegenliebe zu lieben – dies aber nicht aus einer Ideologie oder der Forderung der selbstlosen Liebe heraus, sondern lediglich aus der Erfahrung, aus dem Erlebnis, daß solche zweckfreie Liebe uns einen inneren und äußeren Reichtum entdecken läßt. Dann wird sie uns zur Selbstverständlichkeit.

Wie alle Liebe kann auch die Mutterliebe sehr verschiedene Formen annehmen; ihre beglückendste Form ist die schenkende Liebe. Sie ist zweifellos eine Gabe, eine Begabung, die wir nicht von jeder Mutter erwarten können, und auch bei der Liebesbegabung gibt es wie bei anderen Begabungen verschiedene Grade. Es gibt Mütter, es gibt überhaupt Menschen, denen das Lieben den eigentlichen Lebenssinn bedeutet. Eine solche schenkende Liebe gehört zweifellos zum Beglückendsten, was wir erleben können; sie erwartet keine Gegenliebe, sie erwartet nur, daß das von ihr Geliebte gedeiht und sich entfaltet – nicht in Abhängigkeit von ihr, sondern im Bewußtsein des Geliebtseins als einer unerschöpflichen Kraftquelle. Es ist keine wahllose oder blinde Liebe, sondern es ist eine auszeichnende Liebe, die den, der sie empfängt, verpflichtet, weil sie ihm den Glauben an sich selbst gibt: Er fühlt sich als der geliebt, der er werden kann nach seinem eigenen inneren Gesetz. Solche schenkende Liebe sieht ihre Erfüllung darin, es dem anderen zu ermöglichen, seine Persönlichkeit voll zu entfalten im Sinne des ihm erreichbaren Optimums. Damit meint sie nicht Ehrgeiz, Erfolg oder Berühmtheit, sondern Reife, Menschlichkeit und Würde der Persönlichkeit.

Das Gegenbild hierzu wäre die verwöhnende Liebe; sie pflegt aus zwei Quellen zu stammen: entweder aus irgendwelchen unbestimmten Schuldgefühlen, die die Mutter dem Kind gegenüber hat, oder aus dem Wunsch, von ihm geliebt zu werden. Wo sie scheinbar schenkend ist, will sie den Beschenkten sich dankbar verpflichten und ihn an sich binden; sie »meint« ihn letztlich gar nicht selbst, sondern meint den, der ihr Liebe zurückgeben soll – insofern ist er austauschbar, hat gleichsam nur eine Funktion zu erfüllen im Leben der Mutter. Verwöhnung erwartet Dank, und daran wird die Kehrseite dieser Art der Mutterliebe erkennbar. Für das Kind ist solche Liebe sehr problematisch, weil es immer wieder gesagt bekommt, was alles die Mutter für es getan habe – und auch wirklich getan hat –, und weil es den Egoismus der Mutter lange nicht zu erkennen vermag. Ein solches Kind kommt später immer wieder in die Lage eines, der dauernd für etwas dankbar sein muß, was er gar nicht gewollt hat, und der Schuldgefühle bekommt, wenn er nicht dankbar ist. Ein solches Kind kann sich nur schwer von der Mutter lösen; es rächt sich – meist ihm nicht bewußt – durch Anspruchshaltungen, indem es die Verwöhnung weiter herausfordert, was einen unlösbaren Teufelskreis entstehen läßt; oder dadurch, daß es passiv alles der Mutter überläßt und lustlos wird, weil es gar nicht dazu kommt, eigene Wünsche und Impulse zu entwickeln, weil ihm alles »frei Haus« geliefert wird. Das ist oft der psychologische Hintergrund von Bequemlichkeitsstrukturen, hinter denen die Depression lauert.

Ähnlich kann sich das Verhalten einer Gluckenmutter auswirken, die aus Verlustangst und Angst vor dem Leben überhaupt das Kind vor allem zu bewahren sucht, was ihm in ihren Augen schaden könnte – sei es das Wetter, bestimmte Nahrung, Sport oder seine Freunde. Überall wird von ihr die mögliche Gefahr aufgezeigt, sie traut dem Kind nichts zu, gibt ihm zu wenig Chancen, mit dem Leben fertig zu werden und eigene Erfahrungen zu machen; sie schiebt sich wie ein Gummipuffer zwischen das Kind und die Welt, der alles abdämpft und auffangen soll, was hart ist und Kraft erforderte. Verständlicherweise sind solche Mütter besonders schwierig für Söhne; sie pflegen alles Jungenhafte in ihnen zu unterdrücken, und das rächt sich, wenn das Kind dann auf einmal Dinge können soll, die zu lernen ihm früher nicht möglich gemacht wurde. So können »ewige« Kinder entstehen, die später immer wieder nach einer beschützenden Mutter suchen und denen das Erwachsenwerden so unendlich schwierig erscheint, daß sie resignieren, bevor sie es versucht haben, ihre Kräfte kennenzulernen; hier kommt es oft zu schwersten Entwicklungsstörungen.

Eine Gefahr für das Kind kann auch die Mutterliebe werden, die an bestimmte Wunschvorstellungen und Erwartungen geknüpft ist, wie das Kind sein oder sich entwickeln solle. Das kann sich auf bestimmte soziale Rollen beziehen, etwa darauf, daß es den Ehrgeiz der Mutter befriedigen und etwas erreichen soll, was der Mutter für sich selbst vorgeschwebt hat, was sie aber aus welchen Gründen auch immer für sich nicht erreichen konnte. Dann ist ihre Liebe an die Erfüllung bestimmter Bedingungen gebunden, und das Kind, das ihre Liebe nicht verlieren möchte, versucht, ihr Wunschbild von sich zu leben, und kann auf solche Weise an sich selbst und seinem eigentlichen Wesen völlig vorbeileben. Gelingt es ihm später nicht, sich davon frei zu machen und den Mut zu sich selbst zu entwickeln, wird es, wenn überhaupt, nur sehr schwer die Freude am Leben finden, die uns eigentlich zustehen sollte. Solche Kinder werden letztlich geopfert für irgendein Prestige, einen Geltungsdrang oder eine Illusion der Mutter; und da die Mutter es ja mit dem Kinde »nur gut meint«, wie ihm immer wieder versichert wird, ist es für das Kind schwer, den eigentlichen Zusammenhang zu durchschauen, vor allem wenn die Mutter etwas vertritt, was allgemein gesellschaftlich als Wert anerkannt ist. Natürlich wollen Mütter auf ihr Kind stolz sein, aber wenn ein Kind das nur dadurch erreichen kann, daß es etwas leben muß, was nicht in seinem Wesen liegt, kann das katastrophale Folgen haben. Mancher bewußte oder unbewußte »Streik«, manches scheinbare Versagen des Kindes ist dann manchmal seine einzige Möglichkeit, sich dem Erfolgszwang zu entziehen. Aber diese Reaktion erspart es dem Kind nicht, sich selbst als den zu erleben, der enttäuscht oder versagt hat, was nur zu lösen wäre durch die Einsicht, daß solches Versagen ja nur dem aufgezwungenen Wunschbild gegenüber zutrifft – man kann von einem Apfelbaum keine Birnen erwarten.

Noch eine Form der Mutterliebe soll erwähnt werden, die wir als die »fressende« bezeichnen können. Damit sind Mütter gemeint, die ihre Liebe glauben dadurch beweisen zu müssen, daß sie das Kind nicht in Ruhe lassen können; sie brechen gleichsam dauernd in sein Leben ein, lassen es nichts nach seinem eigenen Bedürfnis und Willen tun, sie greifen immerfort mit Vorschlägen und Handlungen ein, die ihnen ein Bedürfnis sind, ohne zu beachten, ob sie auch dem Kind entsprechen; sie meinen naiv, was ihnen Freude mache, müsse selbstverständlich auch dem Kind Freude machen; sie können keine gesunde Distanz zum Kind einhalten, überrennen und vergewaltigen es fortwährend durch solche Eingriffe. Das kann mit dem Essen beginnen, später sich auf alle Tätigkeiten und Kontakte des Kindes beziehen – immer meint die Mutter, besser als das Kind zu wissen, was es braucht, was ihm Freude macht, wer zu ihm paßt. Solche Kinder finden ungemein schwer zur Identität mit sich selbst, sie lernen es nicht, eigene Wünsche und

Bedürfnisse zu haben, sie leben immer wie ferngesteuert und wissen letztlich überhaupt nicht, wer und wie sie selbst sind, weil sie nur Marionetten sein durften, an deren Fäden die Mutter zog.

Und schließlich seien noch die Mütter erwähnt, die besonders für ihre Söhne gefährlich werden, weil sie sie nicht nur mit Mutterliebe lieben, sondern mit einer Liebe, die eher eine partnerschaftliche Liebe ist. Sie machen den Sohn zum Rivalen oder zum Ersatz des Partners, verführen ihn gleichsam zur Rolle eines Liebhabers, die vom Sohn zunächst als Auszeichnung und mit Stolz erlebt wird, die er aber viel zu teuer bezahlt. Er bleibt zu stark an die Mutter gebunden, wird zwar mit ihrer Liebe belohnt zugleich aber mit der Zeit immer mehr frustriert. Denn er ist zwar der Liebe der Mutter so lange sicher, wie er ihr ritterlicher Kavalier, Tröster oder Partnerersatz ist, doch sind dieser Liebe natürlich Grenzen gesetzt, die über eine erotische Atmosphäre und gewisse erotische Zärtlichkeiten nicht hinausgehen; und die Eifersucht der Mutter gibt den Sohn für keine andere Frau frei. Solche inzesthafte Mutterliebe kann lange Zeit etwas sehr Verführerisches für den Sohn haben; ist ein Vater da, erlebt er den Triumph, ihn bei der Mutter auszustechen. Sie zieht ihn dem Vater vor und erspart ihm die Auseinandersetzung mit dem Vater – aber im Konflikt mit ihm müßte er seine eigene Männlichkeit entwickeln. Schwieriger wird es, wenn der Sohn auch eine positive Beziehung zum Vater hat und nun durch die Mutter zu dessen Rivalen gemacht wird, was oft den Hintergrund einer Familientragödie abgibt.

Alle diese Formen der Mutterliebe pflegen von den Müttern selbst als Liebe erlebt zu werden, und vielleicht läßt sich daran erkennen, wie groß die Opferbereitschaft ist, die eine gesunde Mutterliebe erfordert. Durch lange Jahre muß die Mutter Opfer und Verzichte bringen, die mit der Schwangerschaft beginnen, Opfer an Zeit, durch Einschränkungen materieller Art, durch Verzicht auf eigene Wünsche und Freiheit, ganz abgesehen vom Zeitpunkt, in den Schwangerschaft und Geburt fallen, und abgesehen von den sozialen und wirtschaftlichen Verhältnissen der Familie sowie von der Person des Vaters, seiner Einstellung zu dem Kind, und abgesehen auch von der Situation der Ehe und auch von der eigenen Muttererfahrung, die die Mutter in ihrer Kindheit hatte. Liebt sie das Kind wirklich, werden ihr diese Opfer und Verzichte nicht allzu schwerfallen. Doch es gibt so viele Stellen, an denen erschwerende Bedingungen dafür vorliegen, daß man nur staunen kann über die Liebesbereitschaft der Mutter für das Kind, denn wir können sie ja auch nicht ohne weiteres als selbstverständlich voraussetzen. Dennoch erfahren die meisten Kinder ein ausreichendes Maß an Liebe, um sich gesund entwickeln zu können. Und bei den obigen Beispielen sind es letztlich noch wohlwollende Mütter; man kann sich unschwer vorstellen, wie sich das Verhalten karger, liebesunfähiger oder zum Kinde feindselig eingestellter Mütter auswirken wird.

Mutterliebe ist in jedem Falle eine aufopfernde Liebe, das liegt unvermeidlich in ihrer Notwendigkeit für das Kind und in den vielen Funktionen, die sie für dieses zu erfüllen hat. Wir sollten sie den Müttern nicht noch erschweren durch Idealforderungen, die niemand erfüllen kann. Was eine Mutter dem Kind geben können sollte, läßt sich etwa so zusammenfassen: das Gefühl der Geborgenheit und des Vertrauens, was neben der emotionalen Zuwendung wohl am wichtigsten ist und die verläßliche Regelmäßigkeit ihres Daseins für das Kind voraussetzt; weiter braucht das Kind ein ihm angemessenes Ausmaß an körpernaher Zärtlichkeit. Neben der als selbstverständlich vorausgesetzten Ernährung und körperlichen Fürsorge sind das die für das Kind wichtigsten Zuwendungen. Dazu sollte noch kommen das Verständnis der Mutter für die Eigenart und den Eigenrhythmus des Kindes in bezug auf die Ernährung und sein Bedürfnis nach Kontakt oder aber Ruhe sowie ihre Bereitschaft, die jeweils fälligen Entwicklungsschritte des Kindes nicht zu forcieren oder zu erzwingen – Kinder sind sich nicht alle gleich und haben von Geburt an recht verschiedene Temperamente, Eigenarten und Verhaltensweisen, die ihnen zugestanden werden müssen und die nicht irgendeinem Prinzip oder pauschalen Programm geopfert werden dürfen.

Von besonderer Wichtigkeit ist es, daß sich die Mutter oder die Eltern die Frage stellen, welche Funktion oder Rolle das Kind für sie haben soll; daran kann ihnen klar werden, ob sie das Kind als solches bejahen und ihren Möglichkeiten entsprechend zu lieben vermögen, oder ob das an Bedingungen geknüpft ist, wie wir oben einige aufgezeigt hatten: Haben sie ein bestimmtes Wunschbild von dem Kinde; soll es bestimmte Leistungen erfüllen auf einem Gebiet, das den Eltern als wichtig erscheint; soll es sanft und nachgiebig oder draufgängerisch und mutig werden, angepaßt und bescheiden oder eigenständig und selbstsicher? Elternliebe hat natürlicherweise gewisse Wunschvorstellungen von einem Kind, was kein Problem ist, wenn sie dem Eigenwesen des Kindes entsprechen, aber sofort zum Problem wird, wenn die Wunschvorstellungen seinem Wesen nicht gemäß sind, und zum tragischen Konflikt werden muß, wenn die Eltern verschiedene Wunschvorstellungen von ihm haben und es damit völlig desorientieren und verwirren.

Zu alledem kommt wohl die größte Zumutung an die Mutterliebe: das mit so vielen Opfern, Verzichten und Liebe aufgezogene Kind schon bald wieder loslassen, es dem Leben, den Einflüssen anderer überlassen zu müssen, an Bedeutung für das Kind zu verlieren und ihren Lohn darin zu sehen, daß es sich gut entwickelt und gedeiht, Dankbarkeit und Gegenliebe wohl erhoffend, aber nicht erwarten dürfend.

Wenn wir die Liebe der Väter von der Mutterliebe unterscheiden wollen – wobei wir sogleich betonen müssen, daß es immer alle möglichen individuellen Varianten gibt, die keine schablonenmäßige Schematisierung zulassen –, so liegt der Unterschied am ehesten darin, daß Väter gemäß ihren anderen Funktionen in der Familie, zumindest in unserem westlichen Kulturkreis, vielleicht die Kinder weniger unbedingt lieben, daß ihre Liebe fordernder, meist leistungsbezogener ist. Väter haben im allgemeinen nicht die lange Nahbeziehung zu einem Kind, viele bekommen erst ein Verhältnis zu ihm, wenn es schon erwachsener ist, »vernünftiger« und ansprechbar für Interessen und Ziele, was vor allem für ihre Beziehung zu den Söhnen gilt. Den Töchtern gegenüber kommt es bei ihnen mindest ebensoleicht zu jenen inzesthaften Beziehungen, wie wir sie zwischen Müttern und Söhnen beschrieben haben, mit den gleichen gefährlichen Folgen. Väter erwarten von ihren Söhnen häufiger, daß sie sich mit ihnen identifizieren, daß der Sohn werden will wie der Vater, ihn sich zum Vorbild nimmt, sei es beruflich, im Wesen oder in Anschauungen. Der »Stammhalter«, der den Namen und möglichst auch die Familientradition fortsetzen soll, ist ein typisches Beispiel hierfür; es ist, als ob sich der Vater im Sohn noch einmal wiederfinden möchte.

Die Väter haben im allgemeinen weniger Opfer für das Kind zu bringen als die Mütter; das ist mit ein Grund, daß sie das Kind leichter für seine Eigenentwicklung freigeben können. Durch ihr Berufsleben sind Väter zudem im allgemeinen ausgefüllter als Mütter, die nur Hausfrauen und Ehefrauen sind; sie haben andere Ebenen, auf denen sie sich Befriedigung, Bestätigung und Erfolgserlebnisse holen können. Vielleicht können wir auch sagen, daß Väter im allgemeinen andere Eigenschaften an den Kindern lieben als Mütter, aber all das kann sich auch umkehren, weil es nicht »die« Mutter und »den« Vater als festgelegte Rolle und Funktion gibt, sondern in manchen Familien sich die Rollen vertauschen, weil es mütterliche Väter und väterliche Mütter gibt. Vielleicht können wir noch sagen, daß Väter eher das im Kinde lieben, was es werden kann, während Mütter das jeweilige Sein des Kindes leichter zu lieben imstande sind – aber all diese Unterscheidungen sind mit Vorsicht zu gebrauchen, werden allerdings oft durch gesellschaftliche Rollenzuordnung zu scheinbaren Unterschieden gemacht: Väter haben als Väter so zu sein, wenn sie »richtige« Väter sind. Die Gesellschaft stellt gewisse Anforderungen an Väter und Mütter, ohne zu fragen, ob sie deren Wesen und Neigungen auch entsprechen, und es ist schwierig, sich solchen kollektiven Normen zu entziehen.

Der Vater ist für die Tochter, die Mutter für den Sohn üblicherweise die erste gegengeschlechtliche Person, die sie kennenlernen, so daß das Bild der Kinder vom väterlich Männlichen und mütterlich Weiblichen seine Erstprägung von den Eltern bekommt, eine Erstprägung, die durch das lange Zusammenleben natürlich noch vertieft wird. Die Eltern sind sich häufig dessen nicht genügend bewußt, daß sie durch ihre Persönlichkeiten, Charaktere und Verhaltensweisen dem Kind zum Schicksal werden; wären sie sich dessen bewußter, würden sie vielleicht bemühter sein, das Ihre dazu zu tun, daß sie den Kindern ein gutes Schicksal bereiten, soweit das von ihnen abhängt.

Sexualität und Liebe

So unzutreffend es wäre, Sexualität mit Liebe gleichzusetzen, so unzutreffend wäre es, sie als Gegensätze zu betrachten oder sie gar im Sinne eines Entweder-Oder auszuschließen. Wir sind es zu lange gewohnt gewesen, die Sexualität mit scheelen Blicken zu betrachten; die Kirchen beider Konfessionen haben das Ihre dazu beigetragen, daß uns das Fleischliche, die Lust und die Sexualität fragwürdig geworden sind, daß wir das Körperliche abgewertet haben und die Sexualität oft genug als Sünde anzusehen gelehrt wurden. Das hat unter anderem zu der verhängnisvollen Spaltung von Seele und Leib, von Liebe und Sexualität geführt, die nicht selten auch von der Wissenschaft übernommen wurde und die viel Verwirrung und Unheil gestiftet hat. Die Triebe galten als etwas, das uns ins Animalische niederzog, das wir beherrschen, wenn nicht gar bekämpfen sollten; es entstand die Vorstellung der »reinen Liebe« ohne Sexualität, die man als die höhere Form der Liebe erklärte, damit die körperliche Liebe abwertend.

Erziehung, Schule und Kirche und selbst die Wissenschaft stützten sich gegenseitig in diesen Auffassungen; Tabus wurden aufgestellt, deren Übertretung schwere Schuldgefühle und Strafangst auslöste. Lange Zeit hindurch richtete die Gesellschaft eine zeitliche Schranke auf zwischen der biologischen Reife der Geschlechtlichkeit und der Freigabe der Sexualität für die jungen Menschen. Phasenspezifische Zwischenstadien der Sexualentwicklung, die jedes Kind durchlaufen muß, wie die Vorformen der Sexualität in den frühen kindlichen Entwicklungsphasen und die Pubertät, wurden unterdrückt und bekämpft; Familie und Schule drückten sich in der Erziehung um eine vernünftige Aufklärung der jungen Menschen, und eine allgemeine Triebfeindlichkeit erschwerte es diesen ungemein, eine gesunde Einstellung zu ihrem Körper und zu ihren sexuellen Wünschen zu bekommen. Die Onanie, die gerade auch durch die Tabuierung der Sexualität und durch die späte Freigabe der partnerschaftlichen Sexualität als ein Ersatzventil für die drängenden, aber nicht erlaubten Triebwünsche, als Notlösung angewendet wurde, galt als gesundheitsschädlich, auch wo sie unvermeidliche Durchgangsphase war, und selbst die Medizin versuchte es »wissenschaftlich« zu erhärten, welche schlimmen Folgen die Selbstbefriedigung habe, wobei sie sich bis zu Rückenmarkserkrankungen und ähnlichem verstieg; und von der Kirche wurde sie ganz einfach zur Sünde erklärt, und die Beichtstühle wurden zum Ort der Verdammnis für Unzucht und Selbstbefleckung – all das Behauptungen und Einstellungen, über die wir heute nur noch den Kopf schütteln können, obwohl die Älteren unter uns noch ganz in diesem Sinne erzogen wurden.

Man erreichte damit keineswegs die offenbar vorschwebende Tugendhaftigkeit und Besserung der Menschen. Im Gegenteil kam es dazu, daß sich die unterdrückten vitalen Triebe aufstauten und dadurch erst wirklich gefährlich wurden. Das führte zu qualvollen Kämpfen gegen die sexuellen Impulse, die sich aber natürlich nicht unterdrücken ließen, und das Mißlingen dieser Kämpfe löste schwere Schuldgefühle aus, die sich nicht selten bis zur Selbstzerstörung aus Verzweiflung zuspitzten. Oder man bestand die Kämpfe siegreich und bezahlte das mit einer Neurose, mit einer seelischen Erkrankung, deren Zusammenhang mit der unterdrückten und vergewaltigten Triebwelt erst von der Psychoanalyse aufgedeckt werden konnte. In beiden Fällen kam es zumindest zu schweren Einschränkungen der Lebensfreude, der Freudefähigkeit und der Sinnenfreude, oder aber zu Heimlichkeiten und Verlogenheiten auf dem ganzen Gebiet der Triebhaftigkeit, wodurch die gesunde Entwicklung der Vitaltriebe verbogen und oft genug pervertiert wurde sowie die Ausübung der Geschlechtlichkeit zu einer lichtscheuen, mit Angst und Schuldgefühlen oder mit Scham und Peinlichkeitsgefühlen verbundenen Tätigkeit erniedrigt wurde. Oder aber der Druck der verdrängten Triebe wurde zu stark, es kam zu Triebdurchbrüchen, die dann nicht mehr kontrolliert werden konnten, in denen sich das Triebhafte gleichsam verselbständigte und nun gefährlich-destruktive Formen annahm; das ergab dann die von der Gesellschaft verachteten oder mit Haß verfolgten Triebverbrecher, deren asoziale Entwicklung dieselbe Gesellschaft mitkonstelliert hatte.

Nacktheit, Sinnlichkeit, Wollust, Begehren und Sinnenfreude wurden tabuiert oder abgewertet in oft grotesker Form. Es gab die Redensart, daß erblinden müsse, wer seine Eltern nackt gesehen habe; öffentliche Badeanstalten und Seebäder waren in Herren-, Damen- und Familienbäder getrennt. Es wurden unnatürliche Forderungen an die Schamhaftigkeit gestellt, was unter anderem zur Folge hatte, daß die heimliche Neugier und Schaulust um so üppigere Blüten trieben. All das begünstigte die Entwicklung des Muckertums und der Prüderie – der Mensch unterhalb der Gürtellinie war nicht akzeptabel, und allenfalls schuf sich das Unterdrückte in zweideutigen Witzen an den sogenannten Herrenabenden ein gewisses Ventil, wie ja der Witz immer ein feines Barometer für das abgibt, was eine Gesellschaft in ihren Konventionen und Tabus nicht zuläßt.

Das meiste des Geschilderten ist glücklicherweise inzwischen Vergangenheit, Geschichte geworden. Der Pendelschlag der Entwicklung hat zunächst in das andere Extrem umgeschlagen, wie es oft der Fall zu sein pflegt. Eine Sexwelle ist über uns hinweggeflutet, die man letztlich nur verstehen kann als Gegenreaktion und Protest gegen die sich tugendhaft gebärdende, dahinter aber so verlogene Triebfeindlichkeit einer Moral, die mit der Erweckung von Angst und Schuldgefühlen die Menschen in Unmündigkeit und Abhängigkeit halten wollte. Diese Sexwelle hat die meisten der alten Tabus mit sich gerissen und nicht einmal vor denen halt gemacht, die wir als die verbürgtesten oder als naturgegeben angesehen hatten, nämlich die Inzesttabus – es wird manchenorts ernsthaft darüber diskutiert, den Inzest freizugeben, also die sexuellen Beziehungen zwischen Eltern und Kindern oder zwischen Geschwistern straffrei zuzulassen, die bisher als sogenannte Blutschande mit den strengsten Strafen belegt waren.

Es ist eines kurzen Nachdenkens wert, warum der Inzest in unseren Kulturkreisen so strengen

Verboten und schweren Strafen unterliegt; niemand käme ja auf den Gedanken, etwas so streng zu verbieten, worauf der Mensch gar nicht verfallen würde. So strenge Tabuierung kann daher nur einem Begehren gelten, das uns im wahrsten Wortsinn sehr nahe liegen muß. Naheliegend sind uns die inzestuösen Beziehungen tatsächlich insofern, als die ersten erotisch-sinnlichen Regungen in unserer Entwicklung sich natürlicherweise auf Eltern und Geschwister richten als den einzigen erreichbaren Partnern. Und naheliegend ist es ebenfalls, daß Eltern bei dem so langen Zusammenleben mit den Kindern diesen gegenüber erotisch-sinnliche Gefühle haben können. Wenn wir also auch das inzestuöse Begehren verstehen können, wären die möglichen Folgen der Abschaffung des Inzesttabus doch nicht abzusehen; sie würden aller Wahrscheinlichkeit nach die Grenzen nur neuer sexueller Freiheit weit überschreiten und die Familie als Keimzelle der sozialen Gemeinschaft durch Inzucht bedrohen, abgesehen von wahrscheinlichen ungünstigen erbbiologischen Auswirkungen.

Durch die Forschungen und Erfahrungen der Psychoanalyse wurden um die Jahrhundertwende die ersten entscheidenden Breschen in die alten Tabus geschlagen; sie erkannte, welche Rolle die unterdrückte Sexualität und die verdrängten Vitaltriebe in vielen neurotischen Erkrankungen spielten. Aber die Psychoanalyse machte noch eine andere wichtige Entdeckung: Sie konnte nachweisen, daß auch die Sexualität – wie die Liebesfähigkeit, und oft genug in enger Verbindung mit dieser – vor ihrem eigentlichen Auftreten in der Pubertät, also vor der biologischen Geschlechtsreife, Vorstadien durchläuft, deren Schicksal, deren Gelingen oder Mißlingen die spätere Sexualität entscheidend beeinflußt. Aus der Erforschung der frühen Kindheit ergab sich nämlich, daß das Kind in den ersten rund sechs Lebensjahren bestimmte Entwicklungsphasen durchläuft, in denen jeweils bestimmte Vitaltriebe vorherrschen, die später mit in die eigentliche Sexualität einmünden. Diese Teilkomponenten der Sexualität nannte man Partialtriebe, und diese Partialtriebe können in der Zeit ihrer Erstentfaltung gehemmt, gestört und auch bereits unterdrückt werden, wodurch beschreibbare Folgen für die spätere Sexualität entstehen. Die spätere Sexualität kann etwa durch den Ausfall eines solchen Partialtriebes Lücken aufweisen, oder wenn das Kind an einen solchen Partialtrieb durch seine Erziehung fixiert bleibt, dominiert dieser Partialtrieb auch in seiner späteren Sexualität und läßt dann infantile, einer früheren Entwicklungsstufe angehörende Züge erkennen.

Das ergab unter anderem völlig neue Einsichten in die Entstehung und die Bedeutung der sogenannten Perversionen, des vom sogenannten Normalen abweichenden sexuellen Verhaltens, das man bisher als angeboren oder als strafbare Handlung angesehen hatte. Von bisher angenommener krankhafter Erbanlage verschob sich der Hintergrund der Perversionen auf Umwelteinwirkungen und Erziehungsfolgen, und die moralische Verurteilung von strafbarer – weil anscheinend willensabhängiger – Handlung wich der Einsicht in erworbene Entwicklungsstörungen. Statt so gestörte Men-

54

schen zu bestrafen und zu diskriminieren, wurde ihnen die Möglichkeit einer psychotherapeutischen Behandlung gegeben, in der sie die erworbenen Fehlhaltungen und Einengungen ihrer Sexualität aufzuarbeiten hoffen konnten. Man denke in diesem Zusammenhang nur etwa an die Homosexualität, die vor nicht langer Zeit noch mit Zuchthaus bestraft wurde, zumindest aber mit gesellschaftlicher Diskriminierung – eine Einstellung und Unmenschlichkeit, die zudem noch das Erpressertum begünstigte.

Da man auf den Vorstufen der ganzheitlichen Liebesfähigkeit und der ausgereiften Sexualität weder von Liebe noch von Sexualität im vollen Sinne sprechen kann, da in der Kindheit nur Keime von beidem zu erkennen sind, die sich erst allmählich ausfalten, können wir hier zunächst nur von einem lustvollen Begehren sprechen, mit dem sich das Kind der Welt zuwendet und in dem es sich selbst lustvoll erlebt. Die Psychoanalyse benannte diese treibende Kraft, die wir seelisch und vital als Begehren erleben, mit dem Begriff der Libido, dem lateinischen Wort für Begehren. Suchen wir nach einem weniger wissenschaftlichen Wort dafür, können wir diesen Begriff wohl am schlichtesten und zugleich treffendsten mit unserem Wortpaar »Lust und Liebe« beschreiben. Lust und Liebe gehören zusammen, und wenn wir sagen, daß wir etwas mit Lust und Liebe tun, heißt das soviel wie: mit ganzem Herzen, mit unserem ganzen Wesen dabeisein. Wo wir das vermögen, fühlen wir uns am reichsten und erleben die tiefsten Beglückungen.

Beim Kleinstkind bedeutet das zunächst einmal

ganz schlicht: Lebenslust, Freude am Da-Sein, Wohlbehagen; es genießt sich selbst, und es ist von größter Wichtigkeit, daß in unserem Anfang diese Lebenslust erlebt werden durfte und daß sie unvermeidliche Unlustsituationen wie Hunger, Frieren, Schmerzen überwiegt, denn nur das sichert die Bereitschaft, uneingeschränkt ja sagen zu können zu unserer Existenz und zum Leben, und ermöglicht es uns, die Welt allmählich als begehrenswert zu erleben, mit ihr in Kontakt kommen zu wollen und die Selbstbewahrung zugunsten der Hingabe, des uns Öffnens gegenüber der mitmenschlichen und dinglichen Umwelt, zu wagen, also die Lust mit der Liebe zu verbinden.

Wird das Kind in eine lieblose, es vernachlässigende oder es überrennende Umwelt hineingeboren, so wird es enttäuscht, frustriert oder geängstigt; es bekommt von draußen nicht genügend lustvolle Befriedigung angeboten und muß daher versuchen, sie sich von sich selbst zu holen. Das kann zum Ansatz dafür werden, daß Lust und Liebe mehr und mehr sich selbst zugewandt werden, ganz überwiegend auf der Seite der Selbstbewahrung verbleiben als der einzig sicher erfahrenen Möglichkeit, sie überhaupt zu erleben.

Machen wir uns das noch etwas deutlicher. Der Urzustand des Neugeborenen ist zunächst noch ein in sich Beschlossensein ohne mitmenschliche Bezogenheit. Bevor es zu einer ersten partnerschaftlichen Beziehung und Bindung an die Mutter kommt, liegen in den Anfängen unserer Entwicklung unsere Erlebnisse in einer Fülle von Reizen aller Sinnesorgane und in körpereigenen Reizen.

Erst ganz allmählich vermag es das Kind, Innen und Außen, Ich und Nicht-Ich zu unterscheiden und in solchem trennenden Unterscheiden seine Innenwelt und die Außenwelt aufzubauen. Weil das Kind in dieser Frühstphase seine Abhängigkeit von menschlichen Partnern noch nicht erkennen kann, ist es hier noch mitmenschlich unbezogen, äußert es seine Bedürfnisse, Affekte und Impulse noch völlig unbekümmert, gleichsam rücksichtslos; sie streben nur die Bedürfnisbefriedigung, die Entlastung von Spannungen und die Abreaktion von Unlust an, sie dienen lediglich der Spannungsabfuhr und der Wiederherstellung des Wohlbefindens.

Aus dieser ersten Phase seiner Triebentwicklung bringt der Mensch als erste Teilkomponente seiner späteren Triebstruktur und Sexualität die Fähigkeit zur naiv-ungehemmten, spontan-zielgerichteten Triebäußerung mit, die zunächst noch ohne menschliche Bindung ist. Wenn es einem Kind in der nächsten Entwicklungsphase nicht gelingt, eine menschliche Beziehung und Bindung herzustellen, bleibt seine Triebstruktur an diese Erstform fixiert. Das heißt also, daß seine vitalen und sexuellen Triebe sich weiterhin lediglich abreagieren und befriedigen wollen, ohne eigentlichen mitmenschlichen Kontakt – der Partner wird hier wirklich zum Sexualobjekt, das man nur zum Zweck der Triebbefriedigung braucht und danach wieder fallen läßt. Dafür braucht man keine Gefühlsbeziehung zu ihm, er ist jederzeit austauschbar, ja es wird als störend empfunden, wenn der Partner eigene Ansprüche hat und vielleicht gar Liebe erwartet oder eine Bindung anstrebt.

Hat ein Mensch zu wenig Liebe kennengelernt und nie jemanden richtig liebgewonnen, wie wir es bei Heimkindern, Waisenkindern, bei ungewünschten und manchmal auch bei Adoptivkindern finden, erlebt und sucht er zwar auch die Lust, treibt ihn das sexuelle Begehren auch zu einem Du, aber es fehlt dabei die Liebe, oder seine Liebesfähigkeit bleibt gleichsam verkümmert, verarmt, und je nach seiner sonstigen Persönlichkeitsentwicklung kann es zu Formen des Liebeslebens kommen, die letztlich nur noch funktionelle Betätigungen sind. Hierher gehören etwa die Exhibitionisten und Voyeure, die Menschen, die ihre sexuelle Erregung und Befriedigung nur aus der Distanz suchen können – die Exhibitionisten, indem sie aus der Entfernung sich vor andersgeschlechtlichen Personen, meist jungen, genital entblößen, die Voyeure, indem sie heimlich und aus der Distanz sexuelle Intimszenen anderer beobachten. Beide bleiben auf diese Weise gleichsam im Vorfeld der Liebe oder einer partnerschaftlichen Beziehung stehen, wagen keine leibliche Nähe, wagen es nicht, ihr Begehren und ihre Liebesgefühle an einen Partner heranzutragen; sie sind gleichsam die Zaungäste der Liebe, die ihre Wünsche nur aus der Ferne wagen und an kindliche Vorformen der Sexualität fixiert geblieben sind.

Denn die Zeige- und Schaulust sind in der kindlichen Entwicklung auftretende Partialtriebe im oben beschriebenen Sinn, die später erhalten bleiben, aber im Liebesleben nur noch eine geringere Rolle spielen, auf jeden Fall aber nicht mehr das einzige Ziel der Lustbefriedigung bleiben. Der optische Reiz spielt in aller Erotik eine wichtige

Rolle und wird ja auch bewußt von beiden Geschlechtern eingesetzt. Die Mode ist erfinderisch im Setzen solcher Reize, die zwar abhängig sind von jeweils bestehenden Anstandsvorstellungen, immer aber im erlaubten Zeigen der erlaubten Reize die eigene Zeigelust befriedigen und die Schaulust beim anderen anregen. So gehören Schau- und Zeigelust zum Vorspiel der erotisch-sexuellen Begegnung, und es ist kein Zufall, daß mit dem Sprengen alter sexueller Tabus auch diese Partialtriebe in neuer Weise freigegeben wurden – die Schaulust in der Freigabe der Pornographie, die Zeigelust in der Freigabe der Nacktheit in den Familien und an den sogenannten FKK-Stränden etwa. Wenn man an die unnatürlichen Einschränkungen beider Partialtriebe noch um die Jahrhundertwende und darüber hinaus denkt, sind das gegenüber damals unvorstellbare Freiheiten, und sicher werden damit ungesunde Heimlichkeiten und unnötige Scham- und Peinlichkeitsgefühle vermieden, die früher die Freude am Leiblichen und den Stolz auf sich als Geschlechtswesen nicht nur erschwerten, sondern oft genug als unsittlich abwerteten. Jedes Kind macht eine Entwicklungsphase durch, die meist um das vierte bis sechste Jahr liegt, in der es eine betonte geschlechtliche Neugier hat; es will wissen, woher die Kinder kommen, wie sie in den Leib der Mutter kommen; es will den Geschlechtsunterschied mit eigenen Augen sehen, und die »Doktorspiele« sind ein regelmäßig zu findendes Spiel in dieser Zeit. Während man früher dieses Forschungsbedürfnis, das ja dem Kind wahrhaftig zusteht, zu unterbinden suchte, damit aber von früh an Heimlichkeit und Lügen unterstützte, ist man heute auch wieder in der Gefahr, zu sehr in das Gegenteil zu verfallen, und neigt häufig dazu, das Bedürfnis der Kinder nicht abzuwarten, sondern bewußt herbeizuführen, womit man sich auf andere Weise unnatürlich verhält.

So ungünstig und oft schädlich sich die alte Tabuierung auswirkte, so fragwürdig ist ein gesteuertes und herausgefordertes Interesse am Sexuellen bei Kindern – man sollte es dem Kind überlassen, wann es sich dafür zu interessieren beginnt, dann aber das, was es wissen will, fragen lassen und der Wirklichkeit entsprechend beantworten. Dem Kind ist es wichtig, daß man seine Fragen ernst nimmt und in ihm verständlicher Weise beantwortet; ausweichende Antworten aber geben ihm das Gefühl, es habe kein Recht, nach diesen Dingen zu fragen, wodurch es länger als gut in seiner berechtigten Wißbegier gehemmt und naiv gehalten wird. Machte die frühere Erziehung die Sexualität zu etwas Verbotenem und Unanständigem, läuft die moderne Erziehung eher Gefahr, sie völlig zu entzaubern zu etwas Banalem und Geheimnislosem, das man durch Technik erlernen kann.

Kommen wir zurück zu den Kindern, die in ihrer Frühstzeit keine menschliche Bindung erlebt haben. Sie bleiben zu sehr auf sich selbst angewiesen in ihrer Sehnsucht nach liebender Zuwendung und müssen daher nach etwas suchen, was ihnen die ausgefallene Beziehung ersetzt. Der nächstliegende Ersatz sind sie selbst, und so steigert sich bei ihnen die Selbstliebe überwertig, weil sie draußen niemanden finden, den sie lieben könnten, und damit überwiegen bei ihnen alle autoerotischen Formen der Sexualität, die den Versuch darstellen, zu seiner Lust und Befriedigung auch ohne ein Du zu kommen, was natürlich zu einer Verarmung der Liebesfähigkeit führt. Es können auch Tiere als Partnerersatz genommen werden – die Plastizität der Libido, des uns eingeborenen Dranges, etwas außer uns zu lieben, ist von nicht zu unterdrückender Macht, und so kann sich dieser Drang allen nur denkbaren Objekten zuwenden, wenn diese nur die Bedingung erfüllen, sich lieben zu lassen, sie mit Zärtlichkeit an sich drücken zu können. An den gewählten Objekten läßt sich oft erkennen, was man selbst als Liebe erfahren hat.

Bei Mangel an mitmenschlichen Beziehungen und/oder der Tabuierung alles Erotischen und Sinnlichen verarmt die Liebesfähigkeit, sie wendet sich dann etwa nur noch Teilen der Person zu, der die Zuneigung eigentlich gilt, oder schließlich, von ihr völlig abgelöst, Dingen, die mit ihr in Berührung gestanden haben und sie gleichsam symbolisch vertreten. Solche Verarmungen werden als Fetischismus bezeichnet, den wir als die partnerlose Sexualität beschreiben können, da vom Fetischisten ein Gegenstand gleichsam zum Partner genommen wird. Man kann sich unschwer die Trostlosigkeit eines solchen »Liebeslebens« vorstellen, das der Betreffende natürlich auch noch möglichst geheimhalten muß, weil er sonst verlacht, verachtet oder für pervers gehalten wird – wer kommt schon auf den Gedanken, wie diese sogenannte Perversion bei ihm entstanden sein könnte, welche Versa-

61

gungserlebnisse und Strafängste bei ihm erreicht haben, daß er den Menschen als Ziel seiner erotischen und sinnlichen Wünsche aufgeben und auf jegliche Gegenliebe verzichten mußte?

Ansätze des Fetischismus spielen auch im normalen Liebesleben eine Rolle. In der Zeit der Verliebtheit und wenn das geliebte und begehrte Du nicht erreichbar ist, pflegen Liebende sich kleine Geschenke zu machen, einen Talisman oder einen Gegenstand aus ihrem Besitz auszutauschen, der stellvertretend den abwesenden Partner ersetzen soll, sei es ein Taschentuch oder eine Haarsträhne, etwas jedenfalls, was möglichst vertraut und persönlich intim an ihn erinnert. Stellen wir uns nun vor, daß solch ein Gegenstand dauernd zum eigentlichen »Partner« für einen Menschen wird, dann können wir die ganze trostlose Verarmung eines so eingeschränkten »Liebeslebens« erfassen, bei dem alles lustvolle Begehren eingeengt ist auf Körperregionen oder Gegenstände, die als Ersatz für das Ganze eines eigentlich gemeinten Partners, der als unerreichbar oder als gefährlich und bedrohlich erlebt wurde, genommen werden. Die heute nicht selten propagierten Formen von sogenanntem Gruppensex sind gar nicht so weit entfernt vom Fetischismus, denn sie sind praktisch nur noch auf die Befriedigung der Sexualität ausgerichtet, der jeweilige Partner interessiert nur noch als Geschlechtswesen, nicht als Person, er ist daher beliebig austauschbar, bleibt letztlich anonym, und man vermeidet eine gefühlsmäßige Beziehung oder gar Bindung an ihn, die nur als störend empfunden würde. Es herrscht das reine Lustprinzip, die Lust

62

hat sich von der Liebe abgelöst und gleichsam verselbständigt. Damit läßt sich indessen auch immer nur eine kurzfristige Befriedigung erreichen, und eine so isolierte Lustbefriedigung, die nur eine Funktionsbefriedigung ist und den Partner als Person nicht einbezieht, sucht immer wieder neue Reize und bekommt dadurch einen süchtigen Charakter, ein unersättliches Getriebensein, weil sie nicht in ganzheitliches Erleben eingebettet ist. Daher neigt jede Ersatzbefriedigung zum Süchtig-Werden; Lust ohne Liebe kann immer nur eine augenblickliche Triebbefriedigung geben, und hier zeigt sich der Januskopf der heute so weitgehend freigegebenen Sexualität: Sie bleibt häufig in der Anonymität stecken, in der Austauschbarkeit des Partners, der nur noch als Sexualobjekt interessiert. Es geht dabei weniger um moralische Grundsätze, die verletzt werden, als um die Verarmung der Liebesfähigkeit und der personalen Beziehung zwischen zwei Menschen, um das Stehenbleiben auf einer infantilen Entwicklungsstufe unserer Liebesfähigkeit und Sexualität.

Eine besondere Form, die Unfähigkeit zu einer vollen partnerschaftlichen Beziehung wenigstens im Ansatz zu überwinden, ist der sogenannte Transvestitismus, bei dem ein Mensch sich in Kleidung und Verhalten mit dem Gegengeschlecht identifiziert, also einen symbolischen Geschlechtswechsel zu vollziehen versucht, weil er an das Geliebtwerden-Können in der eigenen Geschlechtsrolle nicht glauben kann oder Angst vor ihr hat und daher die Rolle des anscheinend begünstigten Geschlechts übernehmen will, oder weil ihm die werbenden oder erobernden Möglichkeiten seines Geschlechtes nicht zur Verfügung stehen, er sie nicht ausüben und erlernen durfte.

Was wir aus diesen Abirrungen und Verarmungen des Liebeslebens ersehen können, die natürlich noch vielfältiger sind, als sie hier beschrieben wurden, unterstreicht noch einmal, wie wichtig es ist, in der frühen Kindheit eine Liebe zu erleben, die die ganze Person des Kindes meint. Wenn wir beim Menschen auch noch keine eigentlich sensible Phase kennen, wie die Verhaltensforscher sie bei Tieren entdeckt haben, bei denen in einer kurzen Zeitstrecke ihrer Entwicklung die Prägung ihres sexuellen Verhaltens erfolgt, so gibt es doch zweifellos auch für den Menschen prägende Erlebnisse, die für das Schicksal seiner Triebentwicklung entscheidend werden können. Infolge seiner langen Abhängigkeit und Hilflosigkeit sowie der gegenüber dem Tier viel breiteren Einwirkung erzieherischer Einflüsse auf seine natürliche Entwicklung vor allem in der Kindheit, nicht zuletzt natürlich auch infolge seiner größeren Differenziertheit und Kompliziertheit ist seine Entwicklung sehr störanfällig, gerade auch, was die Entwicklung seines Liebeslebens im weitesten Sinne anbetrifft. Der Mensch hat eben keine bestimmte Zeit der Brunst wie die Tiere, sein geschlechtliches Begehren, seine sexuellen Triebe sind zeitlich nicht begrenzt, sondern immer ansprechbar, sie sind auch nicht so eindeutig und gleichförmig ausgerichtet wie beim Tier. Immer aber, wo größere Freiheit und Wahl zur Verfügung stehen, gibt es auch mehr Möglichkeiten zu Fehlentwicklungen und Abweichungen von einer viel weniger scharf umrissenen Norm. Beim Menschen hat die Sexualität nicht mehr nur das Ziel der Fortpflanzung – es gab Zeiten und Auffassungen, die sie nur für dieses Ziel freigeben wollten. In nie voll erklärbarer Weise durchdringen sich bei ihm Lust und Liebe, Zärtlichkeit und Aggression, Selbstbewahrung und Hingabe und ermöglichen eine unübersehbare Fülle von Verhaltensweisen, eine Variationsbreite, die sich jeder einengenden Normierung entzieht und die sich gerade auch in unserem Liebesleben nicht auf Verhaltensvorschriften festlegen läßt – dafür sind die Startbedingungen der Menschen zu verschieden.

Es ist eine alte Weisheit, daß der Mensch immer das wiederzufinden sucht, was ihm einmal tiefste Befriedigung und Beglückung gegeben hat. Die Franzosen haben es so ausgedrückt: on revient toujours à ses premiers amours – das heißt, man kehrt immer wieder zu seiner ersten Liebe zurück, und unbewußt suchen wir alle viel häufiger, als wir meinen, in der Frau das Bild der Mutter als unserer ersten Liebe. Aber auch mit der Lust verhält es sich ähnlich: Was wir einmal mit tiefer Lust erlebt haben, suchen wir wiederzufinden, und hier überschneiden sich in oft seltsamer und unerklärlicher Weise Schicksalhaftes und Zufälliges oder was wir für Zufälliges halten. Wenn die innerseelische Bereitschaft, das emotionale Geöffnetsein und das erotisch-sinnliche Angeregtsein zusammenfallen in einem bestimmten Erlebnis, kann das zu einer Beglückung führen, die wir immer wiederzufinden suchen, und dieses zeitliche Zusammenfallen von innerer Bereitschaft und äußerem Anreiz kann uns gleichsam auf jenes Erlebnis programmieren. Ob dieses durch einen Menschen ausgelöst wurde, durch ein Natur- oder Kunsterlebnis oder was es sonst noch an Möglichkeiten gibt, darin liegt das Schicksalhafte oder scheinbar Zufällige solcher Prägungen. Ein Duft, ein Klang, eine Gebärde oder eine Gestalt können uns so erreichen, uns so beglükken, daß wir immer wieder nach ihnen suchen, daß wir fasziniert sind, wenn wir ihnen wieder begegnen, und der Mensch ist um so reicher und begabter für Glück, je intensiver er so zu lieben vermag und je mehr in der Welt ihn derartig ergreifen und beglücken kann, denn, wie Georges Bernanos einmal gesagt hat, »nichts lieben, das ist die Hölle«.

Auch der in der Entwicklung seiner Liebesfähigkeit gestörte Mensch hängt an seiner »ersten Liebe«, aber es ist seine Tragik, daß er diese erste Liebe nur eingeengt und verkümmert erleben durfte. Je ärmer eine Kindheit an echter Geborgenheit und Liebe war, an ganzheitlichen Liebeserfahrungen und an der Möglichkeit, etwas zu lieben, um so eher wird sich die Liebesfähigkeit später an ähnlich eingeschränkte oder fragmentarische Lusterlebnisse heften, an Triebbefriedigungen, die um so mehr nur noch sexuell funktionelle Bedeutung haben, je mehr die erlebte Lust schon früher auf Sexuelles beschränkt gewesen war. War unsere erste Liebe auch bereits derart verarmt, so war sie dennoch unsere erste Liebe, und wir suchen sie wiederzufinden, da wir keine andere kennengelernt haben.

Glücklicherweise ist unsere Fähigkeit, etwas mit Lust und Liebe zu ergreifen, fast unbegrenzt, und glücklicherweise ist die Welt für den Menschen voller ebenfalls unbegrenzter Möglichkeiten, etwas an und in ihr zu finden, was er mit Lust und Liebe ergreifen kann. Wir müssen aber in der Erziehung und auch später in unserem Leben mehr darauf bedacht sein, daß sich die Lust nicht von der Liebe ablöst und isoliert. Hier sehe ich die Hauptgefahr der gegenwärtigen Überbetonung der Lustseite, der reinen Sexualität. Hat Liebe ohne Sexualität immer noch die Möglichkeit, seelisch-geistige oder schöpferische Erlebnisse zu fördern, ist Sexualität ohne Liebe ein Rückfall in archaisch-primitive Verhaltensweisen oder Ausdruck einer Unverbindlichkeit und mitmenschlichen Gleichgültigkeit, die auch vor Vergewaltigung nicht zurückschreckt. Genau betrachtet, gibt es die Liebe ohne Lust überhaupt nicht, denn das Lieben an sich ist etwas Lustvolles – erst die moralische Trennung von Liebe und Sexualität, wobei Lust ausnahmslos mit sexueller Lust gleichgesetzt wurde, hat die Meinung aufkommen lassen, jede Lust sei sexuell, was dann die oft recht mühsamen und konstruierten Theorien über Liebe und Sexualität hat entstehen lassen, die auch die Psychoanalyse oft genug aufgestellt hat. Sexuelle Lust ist aber nur eine Form der uns möglichen Lusterlebnisse, vielleicht die intensivste, sicher nicht die einzige, und alle Lust aus der Sexualität erklären zu wollen zeigt nur das Befangensein in ein theoretisches Konzept, für dessen Stimmigkeit der Reichtum und die Fülle des Lebens geopfert werden müssen.

Liebe und Bindung –
die
bedingungslose Liebe

Wir haben gesehen, daß das Kind in seiner Frühstzeit mitmenschlich noch völlig unbezogen ist; seine Empfindungen und sein Wahrnehmungsvermögen sind ganz auf es selbst beschränkt; was in ihm, was an und mit ihm geschieht, all das ist sein eigenes Erleben, seine »Welt«, ohne daß es unterscheiden kann, was dabei von innen, was von außen kommt. Es kennt in dieser Phase gleichsam nur Lust- und Unlustgefühle, Bedürfnisspannung und Bedürfnisbefriedigung, Unbehagen und darauf folgendes Wohlbehagen. Wenn es Unlust empfindet – sei es Hunger, Kälte, Hitze oder was sonst sein Unbehagen auslöst –, weint oder schreit es; oder aber die Sättigung und Befriedigung kommt, noch bevor es Signale geben muß. So ist es hier gleichsam Mittelpunkt der Welt, die ja nur aus seiner subjektiven Erlebniswelt besteht, weil noch keine Außenwelt für es existiert. Wenn es Hunger hat, schreit es, und wenn sein Hunger daraufhin gestillt wird, hat es offenbar selbst die Befriedigung herbeigeführt, kennt und erlebt es doch nur sich allein. In der Sprache Erwachsener ausgedrückt, erfährt sich das Kind als allmächtig, wenn ihm seine Bedürfnisse erfüllt werden, als ohnmächtig, wenn es vernachlässigt wird.

Für die folgende Phase der kindlichen Entwicklung ist es nun charakteristisch, daß es mehr und mehr Innen und Außen, Ich und Nicht-Ich zu unterscheiden beginnt. Diese Unterscheidungsfähigkeiten bedeuten für das Kind ungemein wichtige und vielfältige Entwicklungsschritte: Mit dem allmählichen Erwachen seines Ichbewußtseins entdeckt es auch die Außenwelt als etwas von ihm

Unterschiedenes, das sich verändert, hell und dunkel wird, zu ihm kommt und von ihm weggeht, das Geräusche macht und wieder still wird, und es erkennt allmählich auch, daß die Mutter es ist, von der ihm alle Bedürfnisbefriedigungen und alle Beglückungen kommen.

Wenn sich heute auch die frühere Ausschließlichkeit der Mutter als erster Partnerin gelockert und verschoben hat, indem nicht selten die Väter die Mutterfunktionen übernehmen oder beide sich darein teilen – worauf es hier ankommt, ist, daß das Kind nun im Erkennen seiner Abhängigkeit, im bewußten assoziativen Verbinden seines Wohlbehagens und seiner Geborgenheitsgefühle mit seinem ersten mitmenschlichen Partner zu diesem eine möglichst innige Beziehung herzustellen versucht. Die erste Pflegeperson wird ihm zum eigentlichen Bezugspunkt seines Erlebens, zur zentralen Figur seiner Welt – der ursprünglich selbstbezogene Kreis mit dem einen Mittelpunkt wird gleichsam zur Ellipse mit den zwei »Brennpunkten« Ich und Du.

Das bedeutet unter anderem, daß das Kind die früher unbezogen geäußerten Triebansprüche und Bedürfnisse, die möglichst eine Sofortbefriedigung forderten, nun immer bewußter und gezielter an die Mutter oder an die Pflegeperson richtet und von ihr Befriedigung erwartet. Es erkennt sein Angewiesensein auf sie, seine Abhängigkeit von ihr; ihr Dasein beglückt es, ihre Anwesenheit beruhigt es, ihre Abwesenheit ängstigt es, und hat es eine gute Mutter, kommt es zu einer innigen Beziehung zwischen Mutter und Kind, zu einer symbiotischen Gemeinschaft, zu einem Austausch von Geben und Empfangen, der über die bloße Bedürfnisbefriedigung hinausreicht und die erste Gefühlsbindung an einen Menschen entstehen läßt, die beide beglückt.

Im ersten Ansatz wird das ermöglicht durch die regelmäßige und verläßliche Gegenwart der Mutter oder Pflegeperson, denn die Entwicklung einer Gefühlsbeziehung zu einem Menschen – das gilt auch im späteren Leben noch – braucht Zeit. Die verläßliche Wiederkehr dieser zentralen Partnerfigur über lange Zeiten sowie ihre wohlwollende und zärtliche Zuneigung ermöglichen dem Kinde weitere seelisch-gefühlsmäßige Entwicklungen, die von größter Bedeutung sind. Auf solcher Basis kann es Vertrauen, Dankbarkeit, Zärtlichkeit und den Wunsch nach Nähe zulassen, ohne die Angst, sich dadurch auszuliefern oder mißbraucht zu werden; auf solcher Basis entsteht seine eigene Zuneigung und Liebesfähigkeit. In solchem erlebten Vertrauen-Können liegen auch die ersten Ansätze von Hoffen-Können, vom Ertragen von Frustrationen und Wartezeiten. Das wiederum ermöglicht es dem Kind, auf die Sofortbefriedigung seiner Bedürfnisse und Wünsche zu verzichten, weil es ja die Erfahrung gemacht und immer wieder gemacht hat, daß es nicht vergessen wurde.

So kann es die Vorfreude auf die mit Sicherheit erwartete Wiederkehr der Mutter erleben, die die Urform der Hoffnung ist; es kann lernen, in der Zwischenzeit ohne Angst sich mit anderem zu beschäftigen, und erweitert so seinen Lebensradius; eine geglückte Mutterbeziehung in dieser Zeit gibt dem Kind die Chance für die Entfaltung wesentlichster menschlicher Eigenschaften. Denn das Kind kann nur Vertrauen, Hoffnung und Dankbarkeit erwerben, wenn es sich auf jemanden verlassen konnte, und es kann sich nur verlassen, wenn es jene Sicherheit erleben durfte. War ihm das nicht ausreichend ermöglicht worden, bleibt es in Mißtrauen und Verlustangst, aus Ungeduld und Unsicherheit an die Sofortbefriedigung seiner Bedürfnisse gebunden; es kann die Mutter dann auch nur kurzfristig nicht loslassen, ohne sofort Angst vor dem Alleingelassen-Werden zu bekommen, und statt daß es zu der hier notwendigen Gefühlsbindung kommt, entsteht oder bleibt weiter bestehen seine Abhängigkeit, die sein ganzes Interesse in einem haftenden Sog weiter auf die Mutter einengt, und jede Entfernung der Mutter wird von ihm wie ein Weltuntergang erlebt, wie eine Katastrophe.

Erlebte Sicherheit und Vertrauen-Können geben dem Kind also das Gefühl der Geborgenheit, aus dem sich wichtigste menschliche Eigenschaften entwickeln können: zärtliche Zuneigung, Dankbarkeit und Hoffnung, und diese ermöglichen es ihm nun wieder, unvermeidliche Frustrationen und Enttäuschungen zu ertragen sowie Affekte, Wut und Aggressionen zuzulassen und auszudrücken, ohne die Angst, deshalb abgelehnt zu werden und aus der Liebe zu fallen. Geborgenheit ist wohl der umfassendste und zugleich auch der treffendste Ausdruck für das, was einem Kind das Gefühl gibt, daß es schön ist, dazusein, und was es ihm ermöglicht, jene Gefühlsbindung an *einen* Menschen zu wagen, die am Beginn der Entwicklung unserer eigenen und eigentlichen Liebesfähigkeit steht.

So ist es nicht zu verwundern, wenn wir uns immer wieder nach Geborgenheit sehnen, und da wir die erste Geborgenheit in der Liebe fanden, suchen wir sie in der Liebe wiederzufinden. Uns in der Liebe eines Menschen und zu einem Menschen geborgen und aufgehoben zu fühlen, das vermindert unsere Ängste, schützt uns vor der Einsamkeit, gibt uns Kraft und Sicherheit. Der Glaube oder die Vorstellung, in der Liebe Gottes aufgehoben zu sein, gibt vielen Menschen erst die Kraft, ihr Leben zu leben, denen vor allem, die dieses Aufgehoben-Sein als Kind nicht lange genug erleben durften. In den sogenannten »besseren Kreisen« lassen sich die Mütter jene symbiotische Phase mit dem Kind häufig entgehen; hat das Kind Glück, findet es vielleicht in den Großeltern einen Ersatz dafür, und die spätere Anhänglichkeit Erwachsener an eine Kinderfrau, an die »Negermami« zeigt nur wieder die Wichtigkeit dieses ersten Partners, an den dann die dankbare Anhänglichkeit mehr fixiert bleibt als an die Eltern, die hier versagten.

Aus dieser zweiten Phase der kindlichen Entwicklung bringen wir daher die Sehnsucht und die Bereitschaft mit, uns *einem* Menschen zu liebender Zuneigung zuzuwenden und seine Gegenliebe zu erhoffen. Suchen wir aber in einer Liebe später vor allem die Geborgenheit wiederzufinden, drohen ihr sofort Gefahren; denn die Grenze zwischen Bindung und Abhängigkeit ist ungemein schmal, und aus einer Bindung wird um so leichter eine Abhängigkeit, je weniger wir eine eigenständige Persönlichkeit geworden sind, je mehr wir einen Partner brauchen und eine Gefühlsbindung zu ihm in der gleichen Ausschließlichkeit herzustellen versuchen, wie wir sie aus Verlustangst und Verlorenheit als Kind anstrebten, aus jenem völligen Angewiesensein, dem die sichere Gewißheit des Sich-verlassen-Könnens fehlte.

Wenn in der Frühstphase der kindlichen Entwicklung Bindungslosigkeit zur Folge hat, daß Triebhaftes ohne Liebe sich verselbständigt und der Partner zum bloßen Sexualobjekt wird, so bekommt nun der Partner einen Überwert, was so weit gehen kann, daß man allen Halt und alle Sicherheit allein von ihm erwartet und ihn fest an sich zu binden sucht, um die Verlustangst vermeiden zu können.

Wir wollen uns nun mit den Formen der Liebe beschäftigen, die dadurch charakterisiert sind, daß man versucht, in der Partnerschaft wieder die ursprüngliche Symbiose herzustellen, wie man sie mit der Mutter erlebte. Dann möchten wir möglichst ununterbrochen mit dem Partner zusammen sein, ihn um uns haben, und je größer dieses Bedürfnis nach Nähe und Gemeinsamkeit wird, um so abhängiger werden wir von ihm, und je abhängiger wir von ihm werden, um so mehr brauchen wir ihn. So entsteht ein Teufelskreis, der nur zu lösen ist, indem wir selbst uns eigenständiger entwickeln. Kommt dazu noch, wie es früher so häufig bei Frauen der Fall war, die wirtschaftliche Abhängigkeit vom Partner, und war die eheliche oder familiäre Rolle die einzige gelernte, die den Inhalt des Lebens ausmachte, verstärkte das natürlich die Abhängigkeit ins Extreme. Denn dann wurde das Verlassenwerden tatsächlich zur totalen Katastrophe, sie war angewiesen auf die Gnade oder Ungnade des Partners. Die Partner beiderlei Geschlechtes haben dies oft jeweils auf ihre Weise ausgenutzt: Die abhängige Partnerin suchte durch moralischen Druck oder erpresserische Drohungen – »wenn du mich verläßt, will ich nicht mehr leben« – den Partner an sich zu binden. Anstatt sich zu bemühen, eigenständiger zu werden, »leben zu lernen«, mit der Welt und den Forderungen des Lebens umgehen zu können, verließen sich viele Frauen völlig auf den Mann, so daß sie faktisch ohne ihn nicht lebensfähig waren, wie ein Kind ohne die Mutter. Durch ihre Hilflosigkeit und andere kindliche Züge und Verhaltensweisen demonstrierten sie überzeugend ihr Auf-ihn-angewiesen-Sein. Wie könnte der Mann so grausam und herzlos sein, ein hilfloses Kind zu verlassen, ohne zumindest schwere Schuldgefühle zu bekommen? Damit hatten die Frauen ein Machtmittel in der Hand, das wirkungsvoll genug war, den Mann fest an sich zu binden. Freilich, so eine Ehe oder Partnerschaft war dann keine wirkliche Partnerschaft mehr, zu der ja zwei Erwachsene gehören, sondern eher ein Eltern-Kind-Verhältnis oder eine Lebensversicherung für die Frau, und sie erfand immer neue Mittel und Wege, ihre Verlustangst zu vermeiden, den Partner zu halten.

Hier greifen individuelle und soziale Faktoren untrennbar ineinander: Die individuellen liegen in der Biographie solcher Frauen, in Haltungen der Eltern, die sie kindlich hielten oder das Erwachsen-Werden durch zu hohe Forderungen wenig reizvoll erscheinen ließen. Die sozialen liegen – wir können heute schon oft sagen: lagen – in den Privilegien des Mannes im Patriarchat, das der Frau eine untergeordnete Rolle zudiktierte, ihr weniger Entwicklungsmöglichkeiten zugestand und sie in Abhängigkeit halten wollte, sei es aus Bequemlichkeit, aus Machtanspruch, aus Angst vor der Frau als Rivalin und damit der Gefährdung seiner »Überlegenheit«.

Manche Frauen sprachen erfolgreich die männliche Neigung zu väterlichem Protegieren und zur anerzogenen männlichen Verantwortung an; im Bewundern seiner Kraft und seiner Fähigkeit, in verehrendem Aufblicken zu seiner männlichen Stärke delegierten sie vieles an ihn, was sie in sich selbst hätten entwickeln sollen, um erwachsen zu werden. Mit sicherem Instinkt die männliche Eitelkeit ansprechend, seine »Potenz« im weitesten Sinne, ließen sie ihn den Stolz des Mannes erleben, der seiner Partnerin »soviel bieten« konnte – zum Beispiel Statussymbole, die von ihr als zu erstrebende Ausweise solcher »Potenz« hochgespielt wurden, sei es der Nerzmantel, der Schmuck oder ein dem jeweiligen »Rang« entsprechendes Auto –, wobei wieder persönliche und soziale Faktoren ineinandergreifen. Intrafamiliär traf sich oft die Neigung der Frau, sich abhängig zu wissen, mit der des Mannes, sie in Abhängigkeit zu halten; ihr wurde damit das Erwachsen-Werden erspart, aber auch für ihn war das trotz mancher Belastungen auch wieder recht bequem. Denn er hatte in der Familie die absolute Herrschaft, alles ging nach seinem Willen, er bestimmte autoritär über alles und wurde in dieser Rolle nie in Frage gestellt. Man

76

kann hier von dem Schema einer Tochter-Vater-Beziehung sprechen, in der die Frau die bewundernde Tochter-, der Mann die verwöhnende Vaterrolle spielt, wobei es letztlich unwesentlich ist, wer wen zuerst in seine Rolle gedrängt hat – meist fanden sich die entsprechenden Neigungen zusammen. Ibsens Nora ist ein gutes Beispiel für eine Ehe, in welcher der Mann sich eine Kindfrau wünscht, sie verwöhnt, aber gleichzeitig nicht erwachsen werden läßt, weil das *seine* Verlustangst konstellieren würde.

Der Mann seinerseits mißbrauchte oft seine bevorzugte Stellung im Patriarchat und nützte sie egoistisch aus, auf andere Weise erpresserisch sich Rücksichtslosigkeiten und Zumutungen erlaubend, die er sich nur auf der Basis der Abhängigkeit der Partnerin leisten konnte. Was ursprünglich an Liebe einmal dagewesen sein mochte, wurde auf solche Weise konsequent zerstört, statt dessen entstanden Haß und Verachtung, Rachsucht und Verlogenheit in der Beziehung, bis schließlich jeder nur noch auf den Tod des Partners wartete, vor allem natürlich, wenn Trennungen oder Scheidungen aus welchen Motiven auch immer nicht möglich waren.

Natürlich spielt bei alldem auch die Sexualität eine große Rolle, die in einer Beziehung der Abhängigkeit ebenfalls unfrei wird und die Abhängigkeit noch verstärkt. Was die Frau zuerst aus Liebe, Zärtlichkeit und Zuneigung zu geben bereit war, wird mißbraucht, wenn sie aus Verlustangst und Unselbständigkeit glaubt, alles tun zu müssen, was der Mann von ihr fordert, nur um ihn auf solche Weise zu halten. Dann wird die Liebesbeziehung zur sexuellen Hörigkeit oder zu masochistischem Genuß an der Selbstaufgabe, am Sicherniedrigen-Lassen, und die Frau wird zur Sklavin, die der Mann dann entweder verachtet oder die ihn durch ihre Unterwürfigkeit und Bereitschaft seinerseits sexuell hörig werden läßt, weil ihre völlig widerstandslose Passivität ihn zu immer neuen Aktivitäten herausfordert, was zu makabren sadomasochistischen Verstrickungen führen kann.

Die Umkehrung der Partnerschaften, in denen sich eine Partnerin zum Kinde macht, sind die Partnerschaften, in denen die Frau den Mann zum Kind zu machen versucht, ihn von sich abhängig machen will – es sind die Beziehungen, die nach dem Rollen-Schema verwöhnende Mutter und verehrender Sohn gespielt werden. In ihnen wird die Frau vom Partner überhöht, bekommt oft madonnenhafte Züge, jedenfalls eine Verehrung, die sie fast zu einem übermenschlichen Wesen macht, und zwar speziell als mütterliche Frau, nicht als Geliebte. Solche Beziehungen sind meist eine direkte Fortsetzung der früheren Mutter-Sohn-Beziehung; sie werden nicht selten schicksalsmäßig begünstigt durch frühe Witwenschaft der Mutter.

Problematischer sind die Verhältnisse, wenn die Frau dem Manne kein Eigensein zugestehen will, ihn am liebsten – aus Liebe, wie sie meint – mit Haut und Haaren sich einverleiben möchte. Solche gleichsam fressende Liebe möchte den Partner ganz für sich allein haben; sie entmündigt ihn, indem sie ihm alles abnimmt, ihn verwöhnend und damit zugleich an sich bindend. Sie lassen dem Manne keinen Spielraum, verwöhnen ihn vor allem oral, indem sie ihn füttern und bekochen, in Überfürsorge ihn vor jedem kalten Luftzug und vermeintlichen Gefahren zu schützen suchen, ihn nach Möglichkeit von Männergesellschaften abhalten, vielleicht auch noch das Taschengeld und die Freizeit nach ihrem Gutdünken gewähren – oft reden sich solche Ehepartner mit Vati und Mutti an und dokumentieren damit die Art ihrer Partnerschaft.

Das sind gewiß extreme, aber doch durchaus häufige Formen von Partnerschaft. Ihre Wurzeln sind letztlich darin zu suchen, daß hier einerseits die Verlustangst, anderseits das Bedürfnis, geliebt zu werden, überwertig geworden sind, meist aus biographischen Motiven. Für manche Menschen hängt ihr gesamtes Selbstwertgefühl davon ab, daß sie sich geliebt fühlen; ohne dieses Sich-geliebt-Fühlen erscheinen sie sich selbst als wertlos, ihr Leben als sinnlos und nicht lebenswert. Damit werden sie natürlich abhängig, sie lieben den Partner zu sehr, weil sie ihn brauchen, und brauchen immer neue Beweise seiner Liebe.

Verdanken wir der zweiten Phase der kindlichen Entwicklung die Sehnsucht nach der Ausschließlichkeit unserer Liebe zu *einem* Menschen, nach Innigkeit, Vertrautheit und uns wie ihn beglückendem Austausch mit ihm, sehen wir doch zugleich, wie groß hierbei die Gefahr ist, in kindliche Abhängigkeit zu geraten oder in ihr stecken zu bleiben. Was hier der Liebe zur Gefahr werden kann, wird durch die Verlustangst, die Angst vor der Einsamkeit und durch ein zu großes Bedürfnis nach Geliebtwerden konstelliert. Verlustangst gehört zu jeder tieferen Liebe; die Gemeinsamkeit des Erlebten und Erlittenen, die gemeinsamen Erinnerungen, Freuden und Leiden, sich aneinander entwickelt zu haben, die erfahrenen und überstandenen Krisen, das wachsende gegenseitige Verstehen, die Kinder und vieles andere machen uns einander unersetzlich, wenn wir uns überhaupt so tief einzulassen wagen mit einem Partner, daß er dieses Gewicht, diese Bedeutung für uns bekommt. Im gleichen Maße wäre sein Verlust für uns ein Schlag, der uns in unserem Zentrum träfe. So unvermeidlich daher die Verlustangst zur Liebe gehört, kann sie doch auf zwei recht verschiedene Weisen bekämpft werden. Versuchen wir sie zu vermeiden – was nie wirklich gelingen kann, da wir sie höchstens vergessen, verdrängen können –, führt das zu den beschriebenen Formen von Partnerschaften, in denen wir uns von dem Partner oder ihn von uns abhängig zu machen suchen. Zu den beschriebenen Formen käme noch die hinzu, den Partner von uns abhängig zu machen, indem wir ihn uns aus Dankbarkeit verpflichten, einen moralischen Druck auf ihn ausüben – nicht selten für Handlungen und Haltungen, die der andere gar nicht gefordert hat. Hier besteht eine schmale Grenze zwischen aufopfernder Liebe und Dankbarkeit erwartender Liebe, die sich uns um so leichter verschiebt in die letztere Richtung, je weniger Selbstwertgefühl wir haben.

Wären wir in der Lage, die Verlustangst als immer bestehende Möglichkeit einzubeziehen, und wagten wir trotzdem, tief zu lieben, könnte uns das dazu führen, die jeweilige Gegenwart so intensiv wie möglich zu leben. Es ist auch sonst so: Wenn wir den Tod, vor allem auch unseren eigenen, bewußt in unser Leben als immer möglich einbeziehen, leben wir intensiver. Verlusterlebnisse und auch das eigene Sterben sind leichter zu ertragen, wenn wir geliebt und gelebt haben, aber um so schwerer, je mehr wir damit gespart haben. Die Bedrohtheit von allem, was wir lieben, gehört zur Liebe, und die einzige Sicherung dagegen wäre, nichts und niemanden zu lieben – aber wer in der Liebe auf Sicherheit aus ist, der sollte gar nicht erst zu lieben anfangen, denn Lieben ist immer auch ein Wagnis.

Eine ebenso schmale Grenze trennt unseren Wunsch nach Ausschließlichkeit von einem eifersüchtigen Totalanspruch auf den Partner. Auch die Eifersucht gehört zur Liebe; sie kann indessen recht verschieden motiviert sein, wie wir noch sehen werden. Nimmt sie nicht die Form an, daß man dem Partner überhaupt keine Freiheit läßt und das noch als besonders große Liebe vor sich und ihm tarnt, vielleicht auch wirklich dafür hält, gehört Eifersucht zu jeder tieferen Liebe zumindest in der Form hinzu, daß man bestimmte Dinge nur mit seinem Partner gemeinsam haben und erleben möchte. Hier wie überall läßt sich keine allgemeingültige Regel dafür angeben, wie eng oder wie weit man die Grenzen dieser Ausschließlichkeit zieht, und hier wie überall ragen unsere Kindheitserlebnisse und -erfahrungen in unser Leben herein im Wunsch nach der Wiederherstellung oder nach dem Vermeiden früherer Erfahrungen, die uns beglückt oder aber gequält haben. Der Wunsch nach Ausschließlichkeit gehört zum Wagnis jeden tieferen Liebens, aber er darf kein totaler Besitzanspruch sein, sondern soll die Basis abgeben für etwas, das in solcher Form nur zwischen zwei sich Liebenden wachsen kann: Verläßlichkeit, gemeinsame »Geschichte« im Sinne von gemeinsam Erlebtem und Gestaltetem, Unbedingtheit des Füreinander-Daseins und die Bereitschaft, auf das zu verzichten, was diese Gemeinschaft prinzipiell bedrohen und in Frage stellen würde. Wie eng oder wie weit die einzelnen diese Basis füreinander brauchen, läßt sich nicht verallgemeinern, wie wir uns überhaupt auf dem Gebiet der Liebe davor hüten sollten, Verallgemeinerungen zu fordern oder zu vertreten, hinter denen meist moralisch fragwürdige Motive und mangelnde psychologische Erfahrung stehen, wenn nicht gar kirchliche oder politische Machtgesichtspunkte.

Die fordernde Liebe

Auf die Phase der erkannten größten Abhängigkeit von *einem* Menschen, die immer die Gefahr mit sich bringt, aus Verlustangst den Partner zu eng an sich binden zu wollen, folgt in der kindlichen Entwicklung eine Zeit, die dadurch gekennzeichnet ist, daß das Kind nun immer mehr Fähigkeiten erwirbt, die es eigenständiger und unabhängiger machen. Es lernt seinen Körper immer besser beherrschen, und während ihm früher alles gebracht werden mußte, was es brauchte und haben wollte, kann es nun von sich aus selbständig auf die Welt zugehen und sich die Dinge holen, die es haben will, und es kann mit ihnen mehr anfangen. Es entwickelt seinen eigenen Willen und setzt ihn dem Willen seiner Umwelt entgegen, es sucht sich mit seinen Wünschen durchzusetzen und lernt ganz neue Seiten und Möglichkeiten an sich kennen, beginnt zugleich mehr und mehr, die Welt kennenzulernen, indem es bei seinen Versuchen der Eroberung des Raumes, des Umgangs mit Menschen und Dingen sowohl auf neue Fähigkeiten in sich wie auf neue Grenzen außerhalb von sich stößt und so allmählich die Realität und ihre Gesetze erfährt.

Gleichzeitig bedeutet das, daß es nun viel mehr Gelegenheiten hat, mit der Welt zusammenzustoßen, Grenzen seines Wollens und Könnens zu erleben, von außen Grenzen gesetzt zu bekommen in Geboten und Verboten, ebenso wie es Gewähren-Lassen und Anerkennung für sein Tun und für neuerworbenes Können und Leistungen erfährt. Hier geht die kurze Paradieszeit unseres Lebens endgültig zu Ende, in der wir alles bekamen, was wir brauchten, in der nichts von uns erwartet wurde, in der es noch keine Schuld oder Strafe gab. Nun wird das Kind mehr und mehr gefordert; es macht zum ersten Mal die Erfahrung, daß es Gut und Böse gibt, daß es sich als gut oder böse erlebt aus den Reaktionen der Umwelt auf sein Verhalten: Es wird gelobt und getadelt, belohnt und bestraft, und damit entsteht eine völlig neue Situation für das Kind, eine neue Form der Abhängigkeit, die nicht mehr nur Bindung an eine Person ist und nicht mehr nur Verlustangst bezüglich dieser Person beinhaltet, sondern die durch sein eigenes Verhalten ausgelöst wird. Es erfährt, daß sein Geliebt-Werden auch abhängig ist von seinem eigenen Verhalten, daß es Bedingungen dafür gibt, deren Erfüllung oder Nichterfüllung zum Geliebt- oder Abgelehnt-Werden führt.

Das sind völlig neue Erfahrungen, denn in der vorhergegangenen Zeit konnte es keinerlei Zusammenhang zwischen seinem Verhalten und dem Verhalten der Umwelt ihm gegenüber erkennen. Hier, so können wir auch sagen, gehen dem Kinde erstmals die Kausalzusammenhänge auf, der Zusammenhang von Tat und Folge, Ursache und Wirkung. Das ist ein ungeheurer Fortschritt in der kindlichen Entwicklung. Als dritte Komponente unserer Liebesfähigkeit erwerben wir hier die Erstformen von Selbstbehauptung und andererseits selbstbeherrschter Rücksichtnahme sowie das Annehmen der jeweiligen kollektiven Normen und Ordnungen, in die wir hineingeboren werden. Wir erlernen es aber auch, daß Geliebt-Werden an bestimmte Bedingungen geknüpft ist, daß es nicht mehr ohne weiteres selbstverständlich erwartet werden kann, wie wir es früher erlebten. Daraus ergeben sich für unsere Liebesfähigkeit zwei wichtige Folgen.

Einmal wird uns klar, daß wir uns liebenswert, liebenswürdig machen oder verhalten müssen, wenn wir geliebt werden wollen; zum anderen stellen wir unserem Partner ebenfalls Bedingungen, wenn er unsere Liebe erlangen oder sich erhalten will. Denn sowenig das Ergriffensein von einer Liebe zunächst Bedingungen kennt, sowenig eine Verliebtheit zunächst danach fragt, wer und wie der Partner ist, sondern ihn idealisiert, ein Wunschbild von ihm in ihn hineinsieht und also voller Illusionen zu sein pflegt, so wichtig wird es für die Dauer einer Liebe, daß das jeweilige Du auch bestimmte Erwartungen von uns erfüllt und unserem Suchbild eines Partners entspricht.

Hierin liegen nun sowohl wesentliche Elemente, die unsere Liebesfähigkeit fördern, als auch erhebliche Gefahren. Wenn unsere Liebe Dauer anstrebt, wenn sie mehr als ein Abenteuer, eine Liebelei oder eine kurzfristige Verliebtheit sein oder werden will, werden wir immer ein gewisses Selbstopfer bringen müssen, nämlich die Bereitschaft, den anderen in seiner Eigenart zu verstehen, auf ihn Rücksicht zu nehmen und eine gewisse Verantwortung für ihn zu übernehmen. Die Einsicht in die Folgen unseres Verhaltens, in die Wirkung unseres Wesens auf den Partner gibt uns die Möglichkeit des Selbst- und Fremdverständnisses; Verantwortung für ihn meint letztlich, daß wir das uns Mögliche dazu tun sollten, dem Partner das Gefühl zu geben, bei uns gut aufgehoben zu sein; aber natürlich ist diese Verantwortung eine gegenseitige, wir sollten beide darauf achten, das Beste füreinander zu wollen, und das Beste ist das, was sowohl für dessen wie für unsere eigene wie für die Entwicklung unserer Beziehung das Förderlichste ist.

Diese Bereitschaft, Verantwortung auf uns zu nehmen, macht eine Beziehung wesentlicher, gibt ihr Sinn und Ziel und vermag es, uns auch über Krisen der eigenen und der gemeinsamen Entwicklung zu tragen. Das kann dazu führen, eine Bindung als Aufgabe zu sehen, an der beide wachsen und die uns von persönlichen Egoismen auf ein gemeinsames Ziel ausrichtet. Je nach soziokultureller Situation wird diese Verantwortungsbereitschaft verschiedene Formen annehmen; sie hängt wesentlich auch von den geltenden Aufgaben und geschlechtsspezifischen Rollen ab, die in einer Gesellschaft gültig sind. So hatte der Mann meist die Aufgabe, für den Lebensunterhalt, die Frau für die Kinder und den Haushalt zu sorgen, und beide Geschlechter hatten die entsprechenden Erwartungen voneinander. Heute sind diese Rollen aus mancherlei Gründen nicht mehr so festgelegt, aber eine Bindung ohne jegliche Verantwortungsbereitschaft füreinander hat nichts Tragendes mehr; sie hat keinen Zukunftsentwurf und zerfällt bei Belastungen oder erliegt in Krisen allen möglichen Versuchungen.

Aber Verantwortung für einen anderen darf auch nicht zu weit gehen; sie darf ihm nicht die Verantwortung abnehmen wollen, die er selbst zu übernehmen lernen muß, will er nicht ein unverantwortliches Kind bleiben, das alle Entscheidungen und die Übernahme von Pflichten an den anderen delegiert. In vielen »Versorgungsehen« ist das der Fall, in denen ein Partner auf Kosten des anderen lebt und ein Parasitendasein führt. In anderen Ehen glaubt sich der eine Partner von echter Zuwendung und mitmenschlicher Verantwortung dadurch loskaufen zu können, daß er dem anderen materielle Sicherheiten bietet mit der dann meist angewendeten Formel: »Du hast doch alles, was du brauchst; was willst du eigentlich noch mehr?«, wonach er sich das Recht nimmt, im übrigen seiner Wege zu gehen. Das pflegt dann zu immer gesteigerten Ansprüchen des so abgespeisten Partners zu führen; er läßt sich auf die Ebene materieller Ansprüche und Befriedigungen drängen und übernimmt damit die Rolle, in die er gedrängt wurde, anstatt seinen Anspruch auf Wesentlicheres zu vertreten.

In dieser Phase wird also die Verlustangst mit neuen Mitteln bekämpft: Das Kind hat die Macht seines Wollens erkannt und setzt nun diese ein, um das Du fest an sich zu binden. Damit entstehen alle möglichen Formen des Zwingens, des Machtbekommen-Wollens über ein Du. Da ist es eine Möglichkeit, dem Partner Bedingungen zu stellen, wie er sein, wie er sich verhalten solle, damit man ihn nicht fallen läßt. Dann wird er nicht mehr als Person geliebt, sondern nur noch als Funktionierender, die Bedingungen Erfüllender. Das kann natürlich alle möglichen Formen und Grade annehmen, und je weniger Rücksichten die eigene Durchsetzungskraft und das Machtbedürfnis kennen, um so katastrophaler sind die Folgen. »Und bist du nicht willig, so brauch ich Gewalt«, das wird dann zum Grundton der Beziehung. Das Patriarchat begünstigte solche Einstellungen besonders, und die Frau rächte sich dafür mit der Hysterie, die den Mann machtlos machte vor einem Phänomen, das er nicht verstand und einzuordnen vermochte, und selbst die Gelehrten und Wissenschaftler zerbrachen sich den Kopf darüber und erfanden immer neue »wissenschaftliche Erklärungen«, da sie selbst befangen und nicht bereit waren, die Hysterie der Frau mit den selbstverständlich vertretenen männlichen Privilegien in Zusammenhang zu bringen.

Das reichte bis in die Gesetzgebung, die der Frau eine »eheliche Pflicht« zuschrieb, also forderte, dem Manne »zu Willen zu sein«. Das schien natürlich für die Männer recht praktisch und bequem; aber wie immer, wenn Wesentliches und Ganzheitliches mißbraucht oder verstümmelt wird, rächte sich das auch hier, denn der Mann zerstörte damit die Liebesbereitschaft der Frau, wie es in der den Russinnen zugeschriebenen Redensart »doch meine Seele wirst du nie besitzen« klar zum Ausdruck kommt. Zur Liebe kann man niemanden zwingen, im Gegenteil, dem Zwang entzieht sie sich. Auf solchem Boden haben sich sadomasochistische Beziehungen entwickelt bis zum Pathologischen, und auf solchem Boden ist verständlicherweise auch die Bemühung um die Emanzipation entstanden, über die sich der Mann ähnlich naiv wundert wie der weiße Mann über den Aufstand der Schwarzen. Die Naivität, mit der wir immer wieder meinen, uns verhalten zu können, wie wir wollen, ohne Rücksicht auf den anderen, übersieht den Bumerang, den sie damit konstelliert und der mit tödlicher Sicherheit auf uns zurückkommt, wenn nicht heute, dann morgen, und leider müssen dann meist die Nachkommen die Sünden der Väter büßen.

Aber all das wäre wohl nicht in solchem Ausmaß möglich, wenn ihm in der menschlichen Natur nicht etwas entgegenkäme, und weil und wenn das so ist, sollten wir um so mehr darauf achten, daß wir in der Kindererziehung nicht schon früh die Weichen falsch stellen und einseitige Möglichkeiten unseres Wesens wecken, die zwar auch in uns liegen, die sich aber nur unter besonderen sozialen und familiären Bedingungen so gefährlich verabsolutieren können.

Denn das Herrschen- oder Dienen-Wollen liegt in unserer Natur als eine Möglichkeit unseres Wesens, die durch Anlage und/oder Erziehung überwertig werden kann. Es hat immer schon die Phantasie von Herr und Sklavin, von Herrin und Sklave gegeben in allen möglichen Varianten, vom Quälen und Sich-quälen-Lassen, vom Zwingen und Gezwungen-werden-Wollen. Wieweit der einzelne in Anlage und Neigung dem entgegenkommt, scheint weniger, als im allgemeinen vermutet wird, geschlechtsgebunden zu sein, als vielmehr mit der individuellen Anlage sowie mit der sozialen Situation zu tun zu haben. Wirtschaftliche und sonstige Abhängigkeit begünstigen natürlich die Bereitschaft zur Unterwürfigkeit im weitesten Sinne, Macht und Überlegenheit dagegen den möglichen Mißbrauch der eigenen Position. Dazu kommen noch jeweils verschiedene Rollen und Wunschvorstellungen vom anderen Geschlechtspartner, die auch zeitabhängig sind – die Troubadours und Minnesänger etwa waren zugleich auch Exponenten der damaligen Kultur und Gesellschaft.

Heute sind wir in einer Zeit des Umbruchs, der Um- und Neuorientierung auf fast allen Gebieten, und die vielfältigen sozialen und wissenschaftlichen Erkenntnisse sowie die wirtschaftlichen Umstellungen haben sich auch auf die partnerschaftlichen Beziehungen ausgewirkt, sie zunächst erst einmal verunsichert und zum Feld von Experimenten gemacht. Eheliche Abhängigkeitsverhältnisse durch Macht und Besitz sind seltener geworden und damit die Möglichkeit, Macht und Besitz zu mißbrauchen. Dagegen ist die Abhängigkeit von materiellen Wünschen eher gesteigert; die Frage, was ein Partner »zu bieten« hat, wird groß geschrieben, Statussymbole üben Faszination aus, ihr Besitz oder Mitgenuß wird oft zum wichtigsten Motiv einer Beziehung.

Erschwerend wirkt sich auf die Partnerbeziehungen auch das Bewerten der Intimbeziehung als Leistung aus. Die Wissenschaft hat in den mitmenschlichen Beziehungen isolierte Sektoren untersucht, so etwa die Sexualität, und ist dabei zu scheinbar wahren Einsichten gekommen, die sie propagiert und die wir in großer Breite gläubig übernommen haben. Da alle Wissenschaft nach Normen sucht, die möglichst immer und allgemein gelten sollen, hat sie uns Wissenschaftsgläubige immer mehr in Angst versetzt, solchen Normen nicht zu genügen oder aus ihnen herauszufallen. Das Meßbare hat auch im Lebendigen ein Übergewicht bekommen, und anstatt uns unsere individuelle Eigen-Art zuzugestehen, meinen wir uns an

Normen ausrichten zu müssen, die doch nur Anhaltspunkte sein können, Erfahrungen über den »mittleren Menschen« und sein Verhalten. Maß man den Menschen früher zu oft an idealen Forderungen in seinen Liebesbeziehungen, mißt man ihn heute an quantitativen Maßstäben; Potenz und Orgasmusfähigkeit sind zu Leistungsforderungen geworden. Spezialwissenschaften oder Spezialforschungen sind aber immer in der Gefahr, über der isolierten Einzelbeobachtung das lebendige Ganze zu vergessen, das ihr erst den Sinn und den richtigen Platz im Gesamtleben gibt. Entstanden um die Jahrhundertwende viele Neurosen noch auf der Basis verdrängter Sexualität, so gibt es heute nicht wenige, die auf der Angst beruhen, ein normiertes Soll nicht zu erfüllen, ohne daß die Frage gestellt wird, welche Vorbedingungen die Erfüllung des Solls erst möglich machen. Wir brauchen dringend eine Wissenschaft, die Einzelbeobachtungen der Fachgebiete wieder unter einem sie übergreifenden Sinnzusammenhang sieht, nicht nur Phänomene auszählt und daraus Normen ableitet.

Je materieller wir eingestellt sind, um so größer ist die Gefahr, daß sich auch in die Partnerschaft Besitzvorstellungen einschleichen, die sich in Formulierungen wie »Du gehörst mir«, »Du bist mein Eigentum« ausdrücken. Besitzansprüche werden zu einer neuen Form der Überwindung der Verlustangst, und die Legitimierung der Ehe etwa hat ihr Teil dazu beigetragen, solche Besitzvorstellungen zu unterstützen, der Ehevertrag wurde nur zu oft in diesem Sinne mißverstanden. Was eine Entscheidung, ein Sich-zueinander-Bekennen sein sollte, wurde zu einem Vertrag mit bestimmten Rechten und Pflichten, auf den man sich zurückziehen konnte, wenn die Bindung unsicher wurde. Eifersucht hat hier meist den Hintergrund des Totalanspruchs, des Alleinbesitzes, und je mehr man diesen anstrebt, um so heftiger konstelliert sich die Eifersucht. Entsprechend seiner Grundeinstellung bekämpft man sie dann, indem man den Partner immer mehr einengt zu seinem alleinigen Besitz, was die groteskesten Formen annehmen kann, aber zugleich beim so behandelten Partner dessen Freiheitsbestrebungen aktivieren muß.

Die ganzheitliche Liebe

Das Kind entwächst um sein viertes bis sechstes Lebensjahr mehr und mehr dem Kleinkindalter, es wird eine kleine Persönlichkeit und stellt als solche auch neue Ansprüche an seine Eltern. Es sucht nun nach Vorbildern für seine Entwicklung; es will nicht mehr nur gehorchen und sich an Geboten und Verboten orientieren wie in der vorangegangenen Phase, sondern es will als Gesamtperson ernst genommen werden und erwartet auch von seinen Eltern, daß sie überzeugende Persönlichkeiten sind, weder autoritäre Funktionäre noch Versager im Leben. In dieser Entwicklungsphase wird sich das Kind erstmals auch seines Geschlechts bewußt; in den früheren Jahren spielt der Geschlechtsunterschied praktisch noch keine Rolle, wird meist noch gar nicht bewußt wahrgenommen, er interessiert das Kind noch nicht. Das wird nun anders. Die größere Wachheit des Kindes für alles, was um es vorgeht, sein wachsendes Interesse für die Umwelt, zugleich die größere Fähigkeit, sich sprachlich auszudrücken, Selbst- und Fremdbeobachtung sowie Vergleiche anzustellen, sind Ausdruck von inneren Entwicklungen und werden zugleich zu wichtigen Entwicklungsschritten in der Ausweitung seiner Welterfahrung.

Äußerlich wird das vor allem bemerkbar an dem Wissensdurst dieser Jahre. Das erwachende Geschlechtsbewußtsein des Kindes wird zum Auslöser vieler Fragen, Forschungsdrang und Wißbegier richten sich besonders auch auf die Geheimnisse von Zeugung und Geburt: Woher kommen die Kinder? Wie kommen sie in den Leib der Mutter? Wie entstehen sie? Das sind die direkten oder verkleideten Fragen, auf die das Kind nun Antworten bekommen will, und wenn die Eltern hier ausweichen, nicht unbefangen antworten, wird die Einstellung des Kindes zur Geschlechtlichkeit bereits erheblich gestört. Es spürt etwa, daß solche Fragen unerwünscht sind, daß die Eltern verlegen werden, ausweichen oder ihm Antworten geben, die nicht die Wahrheit sind. Das kann bei ihm dazu führen, daß es nicht mehr zu fragen wagt und sich irgendwelche eigenen Theorien zusammenbaut – je nach seiner bisherigen Weltkenntnis; etwa, daß die Kinder aus dem Darm oder dem Nabel kommen und daß sie durch einen Kuß entstehen und so fort. Das hat die Nebenwirkung, daß solche Kinder länger naiv bleiben, weil ihr Forschungs- und Erkenntnisdrang gehemmt wird. Es gibt von da an für sie verbotene Körperregionen oder Betätigungen, sie wagen nicht mehr alles unbefangen zu erfragen und anzuschauen, was sie interessiert, und wenn sie es trotzdem tun, tun sie es mit Angst und Schuldgefühlen, weil sie damit ein Tabu übertreten.

Noch in den ersten Jahrzehnten nach der Jahrhundertwende war es fast allgemein verbreitet, daß die Eltern sich den auf Geschlechtliches bezogenen Fragen nicht stellten, weil damals auf der Sexualität viele Tabus lagen. Der damals nicht seltene Ausspruch, daß man erblinde, wenn man seine Eltern nackt sehe, ist ein Extrembeispiel dafür, das uns heute kaum noch einfühlbar ist. All das schränkt nun auch die Freude am eigenen Körper ein, und da das Kind in diesen Jahren auch die erste bewußtere Einstellung zu seiner geschlechtlichen Körperlichkeit erwirbt, können hier die ersten Ansätze zum

98

stolzen Bejahen oder aber zu Peinlichkeits- und Schamgefühlen gesetzt werden bezüglich seiner Geschlechtlichkeit, die, weil sie so früh erlebt werden, im negativen Falle zu tiefliegenden Hemmungen und Störungen der Entwicklung seiner Liebesfähigkeit führen können.

In dieser Phase der Forschung spielen zwei Triebstrebungen eine größere Rolle, die im Liebesleben auch weiterhin nie fehlen: der Schau- und der Zeigedrang. Es ist das Natürlichste, daß das Kind Verstecktes, Verdecktes, Verhülltes aufdecken, sehen möchte, es ist ebenso natürlich, daß das Kind sich unbefangen zeigen möchte, wie es ist. Werden diese Neigungen streng tabuiert, kann das schwerwiegende Schädigungen zur Folge haben, vor allem hinsichtlich überwertiger Scham- und Schuldgefühle. Vielleicht sind Scham- und Schuldgefühle für Natürliches überhaupt unnötig, unsinnig? Aber das wird jeweils von den kollektiven Ordnungen und Sitten bestimmt und festgelegt, denen sich die einzelnen nur schwer entziehen können, auch wenn sie ihre Berechtigung oder Notwendigkeit nicht einsehen. Wir sprechen zwar von natürlichen Schamgefühlen, die sich vor allem auf die Ausscheidungsfunktionen unseres Körpers beziehen und zu unserem Instinktverhalten zu gehören scheinen, die nicht anerzogen zu werden brauchen. Bezüglich der Geschlechtlichkeit sind die von einer Kultur geforderten Schamgrenzen aber sehr verschieden. Wenn es auch sehr schwer sein dürfte, den positiven Sinn und die positiven Folgen von sexuellen Tabuierungen zu erfassen, ist doch soviel sicher, daß die negativen Folgen viel leichter zu erkennen sind.

Das hat nichts mit völliger Freigabe der Sexualität zu tun, von der sich manche das Heil erwarten. Es ist im Bereich des Menschlichen ungemein schwer, die Folgen von Freiheit einerseits und von Tabus andererseits zu erkennen – Freiheit wird zu oft mit Willkür verwechselt, Tabus werden zu leicht zu lebensfeindlichen Zwängen mißbraucht. Wo liegt jeweils die gesunde Grenze zwischen Freiheit und notwendigen Einschränkungen? Worauf können wir uns verlassen, wenn wir solche Entscheidungen treffen? Auf unseren Instinkt offenbar nicht, sonst müßten wir Menschen schon längst sichere Lösungen gefunden haben. Auf unsere Erfahrungen offenbar auch nicht, denn sie wechseln und sind bereits wieder abhängig von wechselnden Bedingungen. Auf unsere Einsicht auch nicht, denn sie ist begrenzt. Zudem sind der Gebrauch von Freiheit und die Notwendigkeit von Tabus abhängig von der Entwicklungshöhe des einzelnen wie eines Kollektivs, es gibt kein allgemeingültiges Maß an Freiheit. Offenbar schafft sich jede Kultur das Maß an Freiheit und Tabus, das sie für ihr Weiterbestehen braucht, zu brauchen glaubt. Historisch betrachtet, können wir nur feststellen, daß Extreme nach beiden Richtungen durch Extreme abgelöst zu werden pflegen, und so ist die heutige Neigung zu völliger sexueller Freiheit und zur Aufhebung aller Tabus sicher auch die Folge von den extremen Tabus der vorausgehenden Jahrzehnte. Wir lernen offenbar immer nur aus den Folgen unserer Verhaltensweisen und aus unseren Fehlern, lernen aber meist nur, wie wir es nicht mehr machen sollten; es besser zu machen ist anscheinend viel schwerer.

Kehren wir zum Schau- und Zeigedrang zurück. Wo liegt die Grenze zwischen »natürlichem« und gesundem Schamgefühl einerseits und übertriebener Schamhaftigkeit andererseits? Auf die kindliche Erziehung angewendet: Was sollen wir unseren Kindern gestatten, was verbieten? Sehen wir vom jeweiligen Sittenkodex ab, können wir vielleicht folgendes sagen: Wir sollten den Schau- und Zeigedrang des Kindes zulassen als altersadäquates Bedürfnis, das sich von selbst reguliert, wenn es nicht unterdrückt oder aber herausgefordert wird; und wir sollten andererseits nichts im Kinde forcieren, was es nicht von sich aus anstrebt, wie es heute in mancher sogenannten antiautoritären familiären oder Kindergartenerziehung geübt wird, wo Kinder dazu angehalten werden, sich nackt zu betrachten und zu untersuchen. Gewaltsam unterdrückter Schau- und/oder Zeigedrang führt zu Hemmungen und Störungen oder aber zu einer Fixierung an diese Triebe, wie ja der Reiz des Verbotenen einen besonderen Reiz ausmacht und entwicklungsgemäß fällige Impulse sich gerade durch Unterdrückung erst anstauen und ein Nachholbedürfnis setzen, das dann meist viel intensiver auftritt. Im Kapitel »Sexualität und Liebe« war davon schon die Rede.

Schau- und Zeigelust aber gehören zur Erotik – schließlich nehmen wir das uns begehrenswert Erscheinende zunächst mit dem Auge wahr, und die jeweilige modische Kleidung spielt ja im Zeigen und Verhüllen mit diesen Neigungen. In der Kindheit hängt damit auch zusammen die erste Erfahrung, als Geschlechtswesen bejaht oder abgelehnt zu werden, und damit die tiefste Einstellung zur eigenen Männlichkeit oder Weiblichkeit. Die Psychoanalyse hat weiter erkannt, daß in dieser Phase erstmals die geschlechtsspezifische Auseinandersetzung mit dem anderen Geschlecht erlebt wird. Das kleine Mädchen umwirbt den Vater und rivalisiert mit der Mutter, der kleine Knabe wirbt um die Mutter und rivalisiert mit dem Vater, was sich in Geschwisterbeziehungen wiederholen kann, und von der Verarbeitung dieser Familienkonstellationen hängt es weitgehend ab, ob man eine gesunde und bejahende Einstellung zu seiner Geschlechtsrolle erwirbt, ob man sich als Junge oder Mädchen als liebenswert und liebesfähig erlebte und damit ein gesundes Verhältnis zum Männlichen oder Weiblichen in sich selbst und im anderen entwikkeln konnte oder nicht.

Welche Erfahrungen das Kind hier mit den Eltern und Geschwistern macht, welche Vorbilder für Männliches und Weibliches es hier erlebt, mit denen es sich identifizieren kann, und wie es seinerseits bei den Eltern »ankommt«, das hat eine prägende Wirkung für seine Entwicklung, und wenn das Kind später in die Pubertät kommt, wird es an die hier gemachten Erfahrungen wieder anknüpfen und sie auf die neuen Partner übertragen oder von diesen die gleichen Reaktionen erwarten, die es bei seinen ersten Werbungen gemacht hatte. Seine Partnerwahl, seine Einstellung zu Mann und Frau und zur Sexualität, seine eigene Liebesfähigkeit und sein Vertrauen oder Mißtrauen in die eigene Liebenswürdigkeit haben ihre Wurzel in dieser Entwicklungsphase. So bringen wir aus dieser Zeit als weitere Komponente unserer Liebesfähigkeit im guten Fall die Bejahung unserer eigenen Geschlechtsrolle mit sowie die Hinneigung zum anderen Geschlecht in Eroberung oder Hingabe.

Hier drohen indessen unserer Liebesfähigkeit mancherlei Gefahren. Die eine liegt darin, daß das Kind von den Eltern oder einem Elternteil zu sehr gebunden wird, daß seine Zuneigung zu früh sexualisiert wird. Es merkt etwa, daß bestimmte Verhaltensweisen von ihm, wie Koketterie oder Draufgängertum, besonders gefallen, und verläßt sich immer mehr auf sie. Oder das Mädchen spürt, wie es durch anschmiegsame Zärtlichkeit die Mutter oder Brüder beim Vater ausstechen, der Junge, wie er durch besitzergreifende Zuwendung zur Mutter den Vater oder die Schwestern bei der Mutter zurückdrängen kann. Wenn das Kind in einer schwierigen Ehe als Partnerersatz genommen wird und die Beziehung zu sehr erotisiert wird, vor allem in der Pubertät, führt das zur Fixierung an einen Elternteil, zum muttergebundenen Sohn oder zur vatergebundenen Tochter, oder zum Ausweichen vor der Rivalität und vor der Eroberung eines neuen Partners. Das ergibt eine Atmosphäre der Inzucht, bei der es zwar nicht zum Inzest kommt, im übrigen aber Mutter und Sohn oder Vater und Tochter wie Liebhaber zusammenleben. In geschiedenen Ehen oder bei Witwerschaft ist die Gefahr solcher Bindung besonders groß, und zu dem Egoismus des Elternteils kommt häufig die mit den Jahren dann wachsende Angst der Tochter oder des Sohnes davor hinzu, sich bei der Eroberung eines Partners zu bewähren, eine neue Beziehung zu wagen.

Schlimmer noch pflegen die Folgen der Ablehnung zu sein. Wenn ein Kind in dieser Phase vom gegengeschlechtlichen Elternteil nicht angenommen und bejaht wird, kann es tiefe Minderwertigkeitsgefühle bekommen; wiederholt sich das Abgelehntwerden in der Pubertät, kann das Vertrauen in die eigene Liebenswürdigkeit zutiefst erschüttert werden. Der von der Mutter abgelehnte Sohn entwickelt dann Mißtrauen oder Angst vor Frauen, wenn nicht Haß, und das kann eine Quelle für homosexuelle Entwicklungen abgeben; die vom Vater abgelehnte Tochter entwickelt Minderwertigkeitsgefühle bezüglich ihrer Weiblichkeit; das kann zur Männerfeindlichkeit bis zum Männerhaß führen, den Hintergrund für affektive, falsch verstandene Emanzipationsbestreben abgeben, oder auch dazu, daß die verschmähte Tochter sich an beliebige Männer wegwirft bis zum Dirnentum oder aus Rache am Vater sich an solche Männer bindet, mit deren Wahl sie vor allem den Vater treffen will, persönlich oder gesellschaftlich ihm damit eine Schmach antuend, indem sie etwa »unter ihrem Stand« oder einen andersrassigen Mann heiratet, womit sie, wie sie weiß, den Vater besonders kränken kann, der sich dann seinerseits mit Enterbung oder Verstoßung aus der Familie rächt.

Unter bestimmten Umständen können Sohn oder Tochter aber auch an das Dreiecksverhältnis gebunden bleiben, das ihnen in der Familie angeboten wurde und Befriedigung verschaffte. Das ist vor allem der Fall, wenn der Vater die Tochter, die Mutter den Sohn deutlich für diese wahrnehmbar dem Ehepartner vorziehen. Die Mutter behandelt den Sohn besser als den Mann, sie wertet den

104

Mann vor dem Sohn oder hinter dessen Rücken ab, so daß der Sohn mit dem Vater gar nicht zu rivalisieren braucht, weil er ihn nicht ernst nimmt. Das wirkt sich später dann oft so aus, daß der Sohn immer wieder in fremde Ehen eindringt und dem jeweiligen Ehemann, wie die Redensart heißt, Hörner aufsetzt, was vom Hausfreund bis zum Ausspannen der Frau führen kann. Wenn der Vater entsprechend die Tochter der Mutter vorzieht, vollzieht sich bei der Tochter dasselbe; sie sucht dann immer wieder den Triumph, einer Frau den Mann auszuspannen, und bleibt so ebenfalls an ihre Kindheitssituation in der Familie fixiert, die ihr früher soviel Befriedigung gab. Wenn, wie es meist der Fall ist, in solchen Beziehungen das Ausstechen des Ehepartners oder der Ehepartnerin wichtiger ist als die Zuneigung, pflegt nach dem Erreichen dieses Zieles nicht mehr viel Tragendes übrigzubleiben – das Leben ist in solchen Dingen konsequent, und man erntet, was man gesät hat.

Die Buntheit des Lebens läßt sich nicht in typischen Beispielen einfangen, aber vielleicht ist an den geschilderten Beispielen deutlich geworden, in welchem Ausmaß wir von unserer Vergangenheit abhängig sein können, ohne es zu wissen, in welchem Ausmaß wir einem unbewußten Wiederholungszwang unterliegen, durch den wir immer das wiederzufinden suchen, was uns einmal Befriedigung gegeben hatte. Daher ist es besonders wichtig, daß Eltern ihre Kinder weder zu sehr an sich binden noch sie als Geschlechtspersonen ablehnen. Eine der häufigsten Formen ist es, daß eine Tochter dem Sohn oder ein Sohn der Tochter deutlich vorgezogen wird oder daß innerhalb der Familie Söhne oder Töchter höher im Kurs stehen. Selbst wenn die Eltern sich um Gerechtigkeit bemühen, wird diese Bemühung als solche empfunden und verstanden, daß dahinter die Zuneigung doch ungleich verteilt ist. So werden Eltern ihren Kindern unvermeidlich zum Schicksal, Kinder aber auch ihren Eltern. Es wird immer so sein, daß Eltern ein Kind leichter lieben können als das andere. Wichtig ist in allen Fällen, daß Familien kein geschlossenes System mit Inzucht bleiben, sondern daß sie den Kindern die Gelegenheit geben, sich außerhalb der Familie Partner zu suchen, und dem nicht im Wege stehen.

Wie schon angedeutet, werden die in dieser Frühphase erworbenen Erfahrungen und Einstellungen zum eigenen und zum anderen Geschlecht in der Pubertät wieder aufgegriffen, nun intensiviert durch die erwachende Sexualität mit ihren Ansprüchen. Hier kann dann manches gerettet, manches aber auch verschlimmert werden. Die heranwachsende Tochter kann der Mutter nun viel stärker zur Rivalin werden – sie hat den Reiz der Jugend und Unerwecktheit, und die Mutter spürt die erotische Anziehung zwischen Vater und Tochter. Ist sie selbst in der Ehe nicht befriedigt, wird sie die Tochter um so mehr als Rivalin empfinden. Manche Mütter versuchen dann, die Tochter abzuwerten und ihr weibliches Selbstwertgefühl zu untergraben; sie kritisieren sie und versuchen sie auszustechen durch Übertrumpfen – sie versuchen verzweifelt, so jung wie die Tochter oder gar jünger auszusehen und sich zu verhalten. Andere Mütter putzen die Tochter gerade heraus, unterstützen deren erotische Beziehung zum Vater, denn dann bleibt der Vater mit seinen erotischen Interessen wenigstens an die Familie gebunden und wendet sich keiner anderen Frau zu, und die Inzestschranke gibt eine Sicherung ab, die es bei einer anderen Frau nicht gibt. Die Mutter genießt dann in oft ihr nicht bewußter Identifikation mit der Tochter ihre eigene Jugend wieder, und der Mann, von zwei Frauen umworben, läßt sich's wohlergehen.

Vom Vater her gesehen liegen die Dinge aber oft wieder anders. Die heranwachsende Tochter kann in ihm recht unväterliche Gefühle wecken; läßt er sie zu, hängt es von seiner Reife ab, ob die Tochter daraus eine große Sicherheit in ihrer Weiblichkeit bekommt, oder ob er eifersüchtig über sie wacht und sie nicht für neue Partner freigibt. Läßt er seine Gefühle nicht zu aus Angst, der Tochter seine heimlichen Wünsche zu verraten, pflegt das dazu zu führen, daß er – für die Tochter völlig unverständlich – ihr gegenüber plötzlich schroff ablehnend wird, sie kritisiert und abwertet; und wenn sie es nicht durchschaut, daß das eine Schutzhaltung und Abwehr ist, kann sie in ihrem Selbstwertgefühl als Frau schwer geschädigt werden. Hier kommt es dann von ihrer Seite besonders leicht zu Trotz- und Rachehaltungen gegenüber dem Vater, und die Beziehung zwischen Tochter und Vater wird ausgesprochen gespannt.

Der heranwachsende Sohn kann in ähnliche Situationen geraten. Die zärtlich-erotische Zuneigung der Mutter bedeutet für ihn zunächst eine große Erhöhung seines Selbstwertgefühls; er kann von ihr alles haben, hinter dem Rücken des Vaters steckt sie ihm zum Beispiel Geld zu, bindet ihn aber dafür eifersüchtig an sich und verwehrt ihm die Beziehung zu anderen Mädchen. Einerseits hat er so den Gewinn, der ausgesprochene Liebling der Mutter zu sein, aber er bezahlt das neben der Bindung an sie mit einer Störung seines Verhältnisses zum Vater, der seinerseits ihn als erfolgreichen Rivalen bei der Mutter erlebt und bekämpft. Daran kann die Vaterbeziehung völlig in die Brüche gehen, vor allem wenn die Mutter den Vater vor dem Sohn abwertet und der dann oft die Vorstellung seiner Unwiderstehlichkeit entwickelt. Findet er dennoch eine Partnerin, bleibt er im Grunde mit der Mutter verheiratet, die ihrerseits alles tut, um bei ihm weiter die erste Rolle zu spielen, und die Schwiegertochter nur akzeptiert, wenn diese sich ihr unterordnet und keine Gefahr für ihre Beziehung zu dem Sohn bedeutet, sonst kommt es zu heftigen Kämpfen unter dem Motto »sie oder ich«.

Die Tochter als Liebling des Vaters, der Sohn als Liebling der Mutter – beides pflegt ein zweischneidiges Geschenk zu sein, das von den Kindern zu teuer bezahlt wird. Die Mutter bringt es dann nicht fertig, eine Frau neben sich aufkommen zu lassen, die eine Gefahr für sie bedeuten könnte – lieber läßt sie den Sohn mit einer belanglosen Frau sich verbinden, der sie überlegen ist, worin ihr Egoismus am klarsten zum Ausdruck kommt; es ist ihr wichtiger, daß der Sohn letztlich ihr treu bleibt, als daß dieser eine Frau findet, die er achtet. Und der Vater sucht den Mann, dem seine Tochter ihre Zuneigung schenken will, wo es geht zu übertrumpfen – er bietet ihr mehr, als der junge Mann ihr bieten kann, und läßt diesen, wo es geht, spüren, daß er eigentlich ein dürftiger Ersatz für ihn, den Vater, ist und froh sein kann, daß er ihn überhaupt annimmt, in harmloseren Fällen protegiert er den Schwiegersohn und bleibt im Hintergrund, aber doch recht spürbar, der wichtigere Partner für die Tochter. In beiden Fällen wird es den Kindern erschwert, sich frei und ohne Rückendeckung ihren Partnern zuzuwenden, sie bleiben in gewissem Maße mehr Tochter oder Sohn, als daß sie Ehepartner werden. Die Partner haben dabei meist das Gefühl, zweite Garnitur zu sein, und können diese Rolle nur schwer erfüllen.

So wichtig es in diesen beiden Entwicklungsphasen ist, daß das Kind oder der pubertierende junge Mensch ein gesundes Verhältnis zu sich als Geschlechtsperson findet, so wichtig ist es für ihn, in seinen ersten Partnern auch Personen zu finden, die etwas Vorbildliches haben und seine Liebesbereitschaft annehmen können. »Vorbildliches« meint nicht eine besonders hochentwickelte Intelligenz oder Erfolg, sondern viel schlichter menschliche Verläßlichkeit und vor allem Aufrichtigkeit. Und da der Mensch nicht nur geliebt werden, sondern auch selbst lieben will, ist es für den jungen Menschen wichtig, seine Eltern liebenswert finden zu können und zu erleben, daß seine Liebe ihnen etwas bedeutet.

Die Partnerwahl

Alles hat einen Anfang, so auch die Wahl eines Partners, und wir übersehen zu oft, daß wir dabei schon Weichen stellen, welche die weitere Entwicklung einer Beziehung bereits mit beeinflussen. Ob bewußt oder unbewußt vollzogen, die Motivierung einer Entscheidung hat etwas Schicksalhaftes, das wir uns meist nicht klarmachen, um so weniger, je mehr wir unter dem Einfluß eines augenblicklichen Wunsches oder Bedürfnisses stehen, dessen Erfüllung wir anstreben. Es gibt eine Reihe von typischen Motiven, die wir zu allen Zeiten wiederfinden können. Sicher ist es nicht jedem beschieden, den Partner zu finden, der seinem Suchbild möglichst weitgehend entspricht, und daran wird wohl auch wenig zu ändern sein, auch nicht durch Computererrechnungen und Ähnliches. Gerade in der Partnerwahl gibt es aber eine Anziehungskraft, die etwas Irrationales haben kann, das sich allen Berechnungen entzieht. Philipp Metman schreibt in seinem Buch »Mythos und Schicksal«, daß es »zum Wesen der Liebe gehört, daß sie den, der sie kennenlernt, verzaubert; und sie durchschauen könnte nur der, den ihr Zauber nicht zu verwirren vermöchte«. Solches Angerührt-Werden vom Eros ist etwas Gewaltiges und Erschütterndes, das uns geschieht – die Liebeslyrik aller Zeiten und Völker weiß vieles darüber zu sagen.

Aber das ist nicht jedem beschieden, sei es, daß ihm niemand begegnete, der ihn so verzauberte, sei es, daß er sich davor schützte aus Selbstbewahrung oder anderen Motiven.

Aber sehen wir von diesem Ergriffenwerden ab, das uns meist überraschend und unerwartet geschieht, haben wir im allgemeinen ein mehr oder minder deutliches Suchbild, ein Wunschbild, sowie klare oder unbestimmte Motive, die unsere Partnerwahl beeinflussen und die oft genug schon etwas Schicksalhaftes in sich tragen. Eine solche Wunschvorstellung von dem Partner oder der Partnerin als Geliebtem oder Geliebter hat nichts zu tun mit schwärmerischem Verliebtsein oder mit jugendlichem Idealisieren aus Überschwang und Unkenntnis der Wirklichkeit partnerschaftlicher Beziehungen, sondern sie entspringt dem Wunsch, sich aneinander und miteinander zu entwickeln. Was wir hier suchen, ist das Du als Ergänzung unseres eigenen Wesens, ist der Wunsch, uns selbst und dem Partner in wechselseitiger Liebe zu optimaler Selbstverwirklichung zu verhelfen. Solche Liebe hat etwas wechselseitig Verpflichtendes im Sinne des Glaubens an die Entwicklungsmöglichkeiten, die wir ineinander ahnen, sie trägt den Aufforderungscharakter in sich, auf das hinzuleben, was beiden Partnern als reifste Erfüllung vorschwebt, das Beste in ihnen erweckt. Im liebenden Einander-Verstehen nähern wir uns einander immer mehr, wird das Du mehr und mehr zu einem Teil unseres eigenen Wesens, ohne daß wir uns dabei in symbiotischer Verschmelzung aufgeben – im Gegenteil will solche Liebe es ermöglichen, daß jeder der Partner zu seiner bestmöglichen Entfaltung findet, die rückwirkend auch immer den anderen ergreift. Vielleicht ist das die reifste Form der Liebe, der Sinn alles Liebens: einander wohlzutun und zu höherer Entwicklung zu verhelfen. Ähnliches hat wohl C. G. Jung gemeint, wenn er

112

schreibt: »Zunächst erscheint nämlich der innere Individuationsdrang oft verborgen in der Liebesleidenschaft, die man zu einem andern Menschen empfindet. Was dabei über die natürliche Zuneigung zum anderen Geschlecht hinausgeht, zielt letzten Endes auf das Geheimnis der eigenen Ganzwerdung. Darum fühlt man auch, wenn man leidenschaftlich verliebt ist, daß das Einswerden mit dem oder der Geliebten das einzig begehrenswerte Ziel des Lebens sei.« Freilich gehört dazu, daß wir uns selbst, den anderen und die gemeinsame Beziehung ernst nehmen und daß wir überhaupt den Drang haben, uns weiterzuentwickeln.

Denn vergessen wir eines nicht: Lieben und in bindender Gemeinschaft mit einem Partner leben zu wollen fällt nicht immer zusammen; wo es aber der Fall ist, ist wohl höchste Erfüllung möglich. Wir alle tragen ein Suchbild des Partners in uns, das wir ersehnen; ihm zu begegnen hängt nicht von unserem Willen ab, ist Schicksal oder Gnade; uns für ihn zu entscheiden, uns zu ihm zu bekennen ist der Anteil, der in unserer Hand liegt. Wir vergessen zu leicht, daß Lieben ein Tun ist, kein Zustand, in dem wir uns befinden und der uns bleibt, ohne daß wir etwas dafür tun.

Sehr anders sieht es schon aus, wenn das Hauptmotiv für die Partnerwahl materielle Sicherheit ist; dann ist Lieben und Geliebt-Werden nicht mehr so wichtig; wir wollen vor allem versorgt sein, die Tüchtigkeit, der Verdienst und die zu erwartende Pension des Partners, vernünftige Überlegungen und realpraktische Gesichtspunkte bekommen die größte Bedeutung. Hier wird die Partnerwahl zu einem Kalkül, das bestenfalls durch die Gemeinsamkeit der Ziele und Interessen und deren Erfüllung eine Zuneigung entstehen, schlimmstenfalls den einen Partner zur Melkkuh werden läßt, der nur noch die Funktion hat, dem anderen das Höchstmaß an Sicherheit und Garantien zu bieten.

Aber unser Suchbild eines Partners pflegt auch noch biographische Wurzeln zu haben, die wiederum etwas Schicksalhaftes in sich tragen. Die ersten Personen des anderen Geschlechts lernen wir ja in unserem Vater oder unserer Mutter, in Brüdern und Schwestern kennen, und die Eindrücke und Erfahrungen, die wir an ihnen gemacht haben, wirken sich oft tief prägend auf das Suchbild unseres Partners aus. Das kann in doppeltem Sinne der Fall sein: Bei glückhaften Erfahrungen suchen wir einen Menschen wiederzufinden, der dem gleicht, mit dem wir in der Kindheit die glücklichen Erfahrungen gemacht haben, bei enttäuschenden Erfahrungen suchen wir nach einem Partner, der möglichst ganz anders als die Person ist, die uns einmal so enttäuschte. Da wir alle dazu neigen, einmal gemachte Erfahrungen auf neue Menschen zu übertragen, unterliegen wir in verschiedener Intensität unserer Vergangenheit in einem uns nicht bewußten Wiederholungszwang. Bei einer glücklichen Vater- oder Brudererfahrung pflegt das Suchbild der Frau Züge von Vater oder Bruder zu tragen, das Suchbild des Mannes Züge von Mutter oder Schwester. Entsprechend pflegen Mann und Frau bei enttäuschenden Mutter- und Schwester- oder Vater- und Brudererfahrungen Partner zu suchen, die möglichst wenig an die frühen Partner erinnern, vielmehr eher sogar einen Gegentypus darstellen.

So wirken unsere Früherfahrungen am anderen Geschlecht meist unbewußt in unsere späteren Partnerbeziehungen hinein. Durchschnittlich können wir damit rechnen, daß glückliche Früherfahrungen das Finden eines Partners erleichtern, weil wir dann bereits ein umrissenes Suchbild in uns tragen, an dem wir bestimmte Züge und Verhaltensweisen wiederfinden wollen, und weil auch die Chance für eine gute Partnerbeziehung im allgemeinen größer ist, wenn wir schon an unseren Eltern eine gute Partnerschaft erlebt hatten. Eine schwierige oder gestörte elterliche Ehe kann unser Vertrauen in eine Partnerschaft erschüttert haben, und die Enttäuschung am gegengeschlechtlichen Partner läßt in uns kein Suchbild zurück, das wir wiederzufinden hoffen – wir haben dann für unsere Partnersuche kein Vor-Bild erlebt. Aber wie alles im Leben immer einen Doppelaspekt hat, so auch hier: Das Wiederfindenwollen einer geglückten Beziehung im späteren Partner kann uns leichter dazu neigen lassen, ihn immer mit dem Urbild zu vergleichen und ihn daran zu messen, so daß wir seiner Eigenart nicht gerecht werden oder von ihm enttäuscht sind, weil er das Vor-Bild nicht unserem Wunsch gemäß wiederholt und unsere diesbezüglichen Erwartungen nicht erfüllt. Und die Enttäuschung an dem frühen Partner kann uns wacher und kritischer machen in unserer Wahl und verringert die Gefahr, einen neuen Partner aufgrund von Ähnlichkeiten zu wählen, erhöht allerdings die Bereitschaft, auf ihn die negativen Erfahrungen zu projizieren, die wir als Kind gemacht hatten.

Die Bewußtmachung unserer Motive für eine Partnerwahl sollten wir aus all diesen Gründen viel mehr anstreben; manche Partnerschaft wäre vielleicht nicht zustande gekommen, wären wir uns über die Motive im klaren gewesen, die unsere Wahl steuern. Der Spruch, daß jung gefreit nie gereut habe, ist gefährlich. Sich ohne Lebenserfahrung und ohne Erfahrungen mit dem anderen Geschlecht früh zu binden, pflegt eher zu Problemen zu führen. Heute kommt das viel seltener vor als früher, wo die Intimbeziehung für die Frau erst mit Eheschluß freigegeben war, so daß die Frauen praktisch ohne Vorerfahrungen am Mann in die Ehe gingen, gehen mußten. Das führte oft bereits in der Hochzeitsnacht zu Enttäuschungen: Die oft lang verzögerte Intimbeziehung mit dem Mann ließ in der Frau Übererwartungen von der Hochzeitsnacht entstehen; war der Mann seinerseits unerfahren, kam es bereits hier zu kleinen oder großen Katastrophen. Aber auch für die weitere Partnerschaft ist eine frühe Bindung problematisch, vor allem im späteren Verlauf der Ehe, wenn die Partner in das Alter kommen, wo die Chancen möglicher neuer Erlebnisse sinken und ihnen bewußt wird, daß sie voraussichtlich bis ans Ende ihres Lebens an diesen ersten und einzigen Partner gebunden sind. In den Krisenjahren der zweiten Lebenshälfte kommt es daher oft zu Nachholbedarf und Trennungen.

In dieser Hinsicht ist die größere sexuelle Freiheit für beide Geschlechter, wie wir sie heute vertreten, sicher gesünder. Aber wir können daran auch sehen, wie viele verschiedene Bedingungen zusammenkommen müssen, um Veränderungen zu ermöglichen. Früher war ein entscheidendes Motiv für die Frau, sich vorehelich nicht in Intimbeziehungen einzulassen, die Möglichkeit einer Schwangerschaft. Das hätte entweder eine Abtreibung notwendig gemacht, die gesetzlich streng bestraft wurde und zudem gesundheitlich gefährlich war, oder es war meist gleichbedeutend mit gesellschaftlicher, zumindest familiärer Ächtung, um nur die Hauptprobleme dabei herauszugreifen. So haben die Möglichkeiten der Schwangerschaftsverhütung viel breitere Auswirkungen gehabt, als es auf den ersten Blick aussieht. Sie haben auch die Emanzipationsbestrebungen der Frau zumindest mit begünstigt, denn die Frau, die ohne die alten Ängste frei über ihren Körper verfügen kann, ist natürlich dadurch unabhängiger, und die so gewonnene Freiheit wirkt sich auch auf andere Gebiete und Einstellungen aus und zwingt auch den Mann, sein Verhalten der Frau gegenüber neu zu überprüfen und umzulernen.

Auch die Gleichberechtigung der Frau – ein Begriff, der ja nur die juristische Seite der Angleichung der Geschlechter meint und viel richtiger mit Gleichwertigkeit bezeichnet werden sollte, weil Gleichwertigkeit die Gleichberechtigung selbstverständlich mit einbezöge – hat dazu beigetragen, die Beziehungen der Geschlechter zu wandeln. Wer vermöchte zu sagen, wieweit die Emanzipationsbewegung Folge, wieweit Ursache dieser Wandlungen ist? Sie stammt ja nicht erst von heute, aber erst jetzt beginnt sie sich wirklich durchzusetzen, wobei wiederum viele Faktoren ineinandergreifen,

die das ermöglichten: Die Kleinfamilie der Indu-
striegesellschaften läßt den Frauen mehr Zeit und
Freiheit; früher war es fast üblich, daß die Frau zehn
und mehr Kinder bekam, die ihr Leben voll ausfüll-
ten mit Familienpflichten; außerdem und zum Teil
auch deshalb hatten sie eine kürzere Lebenserwar-
tung. Die Industrie brauchte viele Menschen, und
Frauen waren zunächst billigere Arbeitskräfte – sind
es zum Teil noch –, bis es ihnen immer bewußter
wurde, daß sie ausgenutzt wurden und dem Mann
gegenüber benachteiligt waren, was wiederum ein
Motiv mehr für die Emanzipation abgab und den
»Geschlechterhaß« schürte.

Der »richtige« Zeitpunkt für die Partnerwahl ist
ein Problem; gerade die späte Freigabe der Intimbeziehung zwischen den Geschlechtern hat früher
viel dazu beigetragen, daß man meinte, die erste
Liebe solle möglichst auch gleich zur dauernden
Partnerschaft führen, wobei zusätzlich die Überbewertung der Jungfräulichkeit der Frau eine große
Rolle spielte – eine Einstellung, die die Situation
der Frau bezüglich freier Partnerwahl erheblich
erschwerte, weil die verlorene Jungfernschaft die
Frau in den Augen des Mannes und der Gesellschaft an Wert verlieren ließ. Merkwürdige Vorstellungen von der »Reinheit« der Frau mischten sich
dabei mit männlicher Eitelkeit, der Erste sein zu
wollen und eine unberührte Frau beanspruchen zu
dürfen, und mit der Eifersucht des Mannes auf
seine Vorgänger, die nicht selten aus seiner Angst
stammt, verglichen zu werden und womöglich nicht
der Einmalige und Einzige zu sein.

Die Ersterfahrung am anderen Geschlecht hat ja

zunächst vor allem die Bedeutung, den jungen Menschen aus den familiären Bindungen zu lösen; er sucht sich außerhalb der Familie Menschen, denen er seine Zuneigung zuwenden kann und die ihm damit neue Entwicklungschancen geben. Wenn nun die Frau ihre intime Erstbegegnung möglichst gleich unter dem Aspekt einer festen Bindung sehen mußte, kam es sehr oft dazu, daß sie eine solche Bindung mit dem Motiv einging, aus der elterlichen Familie herauszukommen – ein Motiv, das natürlich eine höchst fragwürdige Basis für eine feste Bindung abgab und dementsprechend häufig zu Enttäuschungen führte, die zu Katastrophen wurden, wenn die Bindung – aus welchen Gründen auch immer – nicht wieder gelöst werden konnte. Das Schillersche Wort »Drum prüfe, wer sich ewig bindet« hat nach wie vor seine Gültigkeit, auch wenn wir nicht gleich von Ewigkeit sprechen wollen. Aber wie sollte sich ein Mädchen aus guter Familie prüfen, wenn es den zukünftigen Partner nur oberflächlich und gesellschaftlich kennenlernte, seine Position und Familienverhältnisse, seinen Beruf und seine wirtschaftlichen Verhältnisse, die natürlich alles auch wichtige Realitäten sind, über seine Liebesfähigkeit aber nichts aussagten?

Freilich, in manchen Kulturen und auch Familien bestimmen die Eltern den Partner der Kinder, und es liegen meines Wissens keine statistischen Angaben darüber vor, ob solche Ehen besser oder schlechter waren als die freier Wahl; aber selbst wenn Statistiken das eine oder andere bestätigen, würde das noch wenig über die Wirklichkeit aussagen, weil diese von soziokulturellen Fakten abhängt. Wenn es in einer Kultur allgemein üblich ist, daß Ehen unter dem Gesichtspunkt wirtschaftlicher oder standesentsprechender Bedingungen geschlossen werden und größere individuelle Freiheit der Wahl nicht berücksichtigt wird, werden solche Ehen wahrscheinlich so schlecht und recht gehen wie andere Ehen auch, mit den Ausnahmen der Liebespaare wie Romeo und Julia, die dabei geopfert werden. Wenn aber in einer Kultur die Entscheidungsfreiheit der Individuen ein Wert geworden ist und höher gestellt wird als gesellschaftliche Normen, müssen wir dem Rechnung tragen. Ob es uns damit gelingt, die partnerschaftlichen Beziehungen befriedigender zu gestalten, ist eine offene Frage; feste Bindungen werden immer ihre Probleme haben, weil wir Menschen so sind, wie wir sind, und weil wir außer unserem Allgemeinmenschlichen auch noch sehr verschiedene Startbedingungen und Anlagen haben, die es als Illusion erscheinen lassen, eine allgemein gültige und befriedigende Lösung zu finden. Mit Sicherheit ist jedenfalls die Flucht in die Ehe keine echte Lösung, weil sie mehr gegen die Eltern oder die Tradition gerichtet als für den Partner ist, und ein Protest ist kein seltenes, aber ein schlechtes Motiv für eine Bindung.

So schwierig daher allgemeingültige Lösungen oder Vorschriften sind, können wir doch eines von uns erwarten, von uns verlangen: unsere Motive für eine Partnerwahl uns bewußt zu machen. Neugier auf das andere Geschlecht, das Gefühl, man müsse nun auch »etwas erleben«, das Haus an der Traumküste oder der Porsche sind Motive, die recht bald nichts mehr hergeben, zudem den Partner spüren lassen, daß nicht er, sondern eben diese Attribute gemeint waren; womit ihm indessen insoweit recht geschieht, soweit er selbst diese Attribute zur Eroberung benutzte.

Man kann wohl mit Sicherheit sagen, daß für jeden Menschen mehrere Partner denkbar sind; die einmalige »große Liebe« scheint mir weniger ein uns Begegnendes als eine Entscheidung zu sein, und wir dürfen auch nicht vergessen, daß das Leben die verschiedenen Menschen sehr unterschiedlich behandelt bezüglich ihrer partnerschaftlichen und geschlechtlichen Anziehungskraft und damit bezüglich ihrer Chancen, umworben und begehrt zu werden. Das wird sich auch nie ändern, auch das nicht, daß Schönheit ein Danaergeschenk ist, zumindest sein kann, weil die Qual der Wahl bei großem Angebot entsprechend größer ist und ebenso die weitere Verführbarkeit nach einer Wahl. Es ist leichter, treu zu sein, wenn man ein Mauerblümchen ist, als wenn man ein umworbener Star ist – was natürlich über die menschlichen Werte beider nichts aussagt. Die Häufigkeit von Selbstmorden und trostlosem Altern bei Startypen beiderlei Geschlechts ist die Antwort des Lebens auf die Motivierung partnerschaftlicher Wahl, die vorwiegend auf der Selbstbestätigung beruhte, nicht aber oder zu wenig auf der Liebesbereitschaft und dem verantwortlichen Stehen zu seinen Entscheidungen. Daß die Playboys und Playgirls – schon im Namen liegt ja, daß sie nicht zu Männern und Frauen geworden sind – für viele so beneidenswert erscheinen, spricht nur für unsere Fähigkeit, an

Illusionen vom dolce vita zu hängen und die Realität, gerade auch die Realität solcher Existenzen, nicht genau anzusehen, wobei die entsprechenden Zeitschriften natürlich das Ihre dazu tun, solche Illusionen zu stützen, weil sie davon leben.

Damit haben wir ein Thema berührt, das für alle Partnerbeziehungen von eminenter Wichtigkeit ist: unsere Neigung zu Illusionen, die wir sowohl in bezug auf unsere Partner wie auf die Ehe oder sonstige partnerschaftliche Beziehungen haben. Offenbar ist die menschliche Wirklichkeit, in der wir leben, nur schwer anzunehmen, auch unsere eigene Wirklichkeit, und je weniger wir sie annehmen und damit umzugehen lernen, um so mehr Illusionen brauchen wir oder glauben wir zu brauchen.

Die ungebundene Liebe

Wir haben zu schildern versucht, wie unsere Liebesbereitschaft von der Liebe geprägt, vorgeformt wird, die wir als Kind üblicherweise von der Mutter erlebt haben. Wir wollen nun die Liebe bei den Menschen betrachten, welche die bergende und bejahende Mutterliebe nicht oder zu wenig oder zu kurze Zeit erlebt haben. Sie haben zu wenig Bindung erfahren, die Mutter als die erste Partnerin ist ihnen nie voll vertraut geworden, ihre eigene Liebesbereitschaft ist daher nie voll geweckt worden. Das ist der Fall, wenn die Mutter zu wenig Zeit für das Kind hatte oder wenn sie die Bedürfnisse des Kindes nach Zärtlichkeit, emotionaler Zuwendung und Nähe nicht erfüllte, nach jenem Hautkontakt, der für das Kleinkind so wichtig ist. Bei der Mutter kann das verschieden motiviert sein; sie kann überlastet sein, die Ehesituation kann so krisenhaft sein, daß sie für das Kind nicht genügend Zuneigung aufbringt; das Kind kann unerwünscht sein, überhaupt oder zu dem Zeitpunkt, in den Schwangerschaft und Geburt fielen; es kann ihren Wunschvorstellungen zu wenig entsprechen – etwa bezüglich seines Geschlechtes, wenn ein gewünschter Sohn »nur« eine Tochter wurde, oder wenn das Kind kränklich und schwächlich ist oder körperliche Gebrechen aufweist. Auch außerehelich geborene Kinder bedeuten für viele Mütter – nicht zuletzt wegen der Reaktion der Familie oder der Umwelt im weiteren Sinne – eine Erschwerung, das Kind liebend anzunehmen und ihm die notwendige Liebe zu geben, und problematisch ist es oft auch, wenn ein solches Kind der Grund zur Eheschließung wird und damit eine vielleicht nicht gewollte

Bindung erfordert, die von Beginn an durch ein solches nicht bejahtes Opfer belastet ist. Auch zu frühe Mutterschaft ist nicht selten der Hintergrund für mangelnde Liebe zum Kind – die Mutter ist noch gar nicht reif für die Mutterschaft, wollte ihre Jugend noch länger genießen; aber auch späte Schwangerschaften können sich ähnlich auswirken, wenn sie ungewollt »passierten«, und natürlich spielt bei alldem auch der jeweilige Vater eine entscheidende Rolle: Wie steht er selbst zu der Schwangerschaft und Geburt, zur Familie? Benutzt er die Behinderung der Frau als Freibrief für neue Abenteuer? Ist er seinerseits bereit, gewisse Opfer zu bringen? Reagiert er eifersüchtig auf das Kind? Ist es ihm nur lästig?

Immer greifen hier soziale, psychologische und wirtschaftliche, gesellschaftliche und sexuelle Faktoren ineinander, von denen die frühe Kindheit eines Menschen abhängt, ganz abgesehen von den jeweiligen kommunikativen, familiären und individuellen Faktoren der elterlichen Persönlichkeiten, ihrer Partnerschaft.

Es gibt aber auch die Mütter, die keine gesunde Distanz zu ihrem Kind haben. Sie haben kein Gefühl für die Bedürfnisse des Kindes nach Ruhe, Schlaf und Allein-gelassen-Werden, sie brechen in das Kind zu jeder Zeit ein, wenn sie selbst sich mit ihm abgeben wollen, nehmen es überall mit in die Welt der Erwachsenen mit ihren Geräuschen, Sinnesreizen und ihrer Unruhe. Die Folge pflegt dann zu sein, daß ein solches Kind gleichsam überrannt, überfremdet wird und nicht nur jene Vertrauensbasis nicht entwickeln kann, die die Grundlage seiner

Liebesbereitschaft werden sollte, sondern statt dessen in eine mißtrauische Abwehr gedrängt wird, sich verschließt und sich auf sich selbst zurückzieht.

Wir wollen hier nicht auf die Extremformen kindlicher Schicksale eingehen, die durch grobe Vernachlässigung oder gar Mißhandlungen entstehen, glücklicherweise aber selten sind. Wir wollen uns nach dem Geschilderten nur vorstellen, wie Kinder mit den beschriebenen Müttern sich hinsichtlich ihrer Liebesfähigkeit entwickeln. Im erstskizzierten Falle von Mangelerlebnissen an Geliebt-worden-Sein ist im allgemeinen die Folge, daß das Kind sich in seiner Umgebung gleichsam Ersatzobjekte sucht, denen es sich vertrauend zuwenden kann; Gegenstände, Dinge seiner Umgebung bekommen dann einen viel größeren Wert als für emotional aufgehobene Kinder, sie sind von früh an mehr sach- als personenbezogen, Puppen und Spielzeuge sind ihnen mehr Partner als die Menschen ihrer Umgebung, manchmal auch Tiere.

In der Liebe suchen sie später die Gemeinschaft in gemeinsamem Tun, gemeinsamen Interessen, in gemeinsam verbrachter Zeit in gemeinsamen Räumen, in gemeinsamen Tätigkeiten. Auch in der Intimbeziehung wird ihnen die Sexualität zu einem gemeinsamen und doch isolierten Tun, das jeder für sich erlebt, wofür er aber den anderen braucht. So entsteht hier eine merkwürdige Form »ungebundener Verbundenheit«, die als sehr nahe beeindrukken kann, dennoch keine wirkliche personal-partnerhafte Bezogenheit ist. Die Gemeinsamkeit liegt eben fast ausschließlich im gemeinsamen Tun – man fährt zusammen Ski, geht zu sportlichen, musikalischen Veranstaltungen oder zu politischen Versammlungen, erlebt also zu gleicher Zeit das gleiche; man sieht zusammen fern oder spielt Karten. Es ist eine mehr kameradschaftliche Liebe, die weniger Höhepunkte kennt als die Wiederkehr des Gleichen.

Im Falle der überrennenden Mütter und der Reizüberschüttung wird später jede mitmenschliche Nähe zum Problem und löst Angst oder mißtrauische Vorsicht aus – Nähe bedeutet schlechthin Gefahr und Bedrohung. Auf solcher Basis entsteht sehr schwer ein »Wir«, ein Gefühl der Zusammengehörigkeit; der Mensch neigt zur Einsamkeit, ist gern mit sich allein, er braucht niemanden und scheut vor allem jede Form der Bindung, die er als Fessel und Einschränkung seiner Unabhängigkeit, seines Freiheitsbedürfnisses erlebt. Hier läßt sich der Mensch nur selten und kurzfristig in Beziehungen ein, er nimmt sich zurück, sobald sie enger zu werden drohen. Selbst weitgehend unfähig zur Hingabe, empfindet er die Hingabebereitschaft des Partners als lästig, befremdend oder zu verpflichtend. Im Intimbereich – soweit er einen solchen überhaupt kennt und zuläßt – bedeutet ihm Sexualität vor allem Bedürfnisbefriedigung; der Sexualtrieb ist für ihn eine Funktion, die zu bestimmten Zeiten ausgeführt werden will. Er wird ihm erst dann zum Problem, wenn er Schwierigkeiten hat, geeignete Partner zu finden, die wie er empfinden und Liebe als Romantik oder Sentimentalität betrachten, die nur störend oder komplizierend ist. Er kann daher auch seine Bezugspersonen ohne jede Schwierigkeit austauschen; Treue erscheint ihm so gut

wie unverständlich, wenn nicht sogar lächerlich.
In beiden Fällen können wir von einer unterentwickelten emotionalen Seite sprechen, die alle Grade annehmen und bis zur Kommunikationsunfähigkeit reichen kann. Aber das sind eher seltene Grenzfälle. In größerer Häufigkeit finden wir dagegen Menschen, die vor allem ihre Eigenständigkeit bewahren wollen und sie auch beim Partner erwarten oder von ihm fordern. Für sie ist Liebe ein intensives Erleben voller leidenschaftlicher Zuwendung, das sie aber in keine Abhängigkeit bringt, weil sie es nicht festzuhalten suchen. Sie fürchten die Banalisierung solcher Erlebnisse durch Gewöhnung und Anspruch, durch Legalisierung und Erschwerung der Ablösung vom Partner. Liebe ist für sie weder Geborgenheit noch Vermeidenwollen der Einsamkeit, die sie nicht fürchten, weder Versorgung noch auf Dauer erstrebte Gemeinschaft, sondern befristete Begegnung, die ihre Intensität gerade aus der Unverbindlichkeit bezieht. Das Wissen um die zeitliche Begrenztheit solcher Begegnungen, die man nicht festhalten will, gibt ihnen eine Unbedingtheit und Frische, wie man sie gerade dann erleben kann, wenn man von Beginn an die zeitliche Begrenzung einbezieht.

Freilich, die Grenze ist sehr schmal, jenseits derer solche Intensität verflachen kann zu banaler Unverbindlichkeit in gehäuftem Partnerwechsel und dann die Quantität die Qualität ersetzen soll. Dann will man gar nicht die Tiefe und Intensität erleben, sondern nur die Unverbindlichkeit, die dann zur bloßen Bedürfnisbefriedigung wird ohne Nachwirkung und personale Bezogenheit.

In gewissem Sinne könnte man sagen, daß jene Intensität des Erlebens, die man nicht zur Dauer und Gewohnheit werden läßt, insofern der Liebe am gemäßesten ist, als sie keine Nebenabsichten kennt, die sonst so leicht die Liebe belasten und in Frage stellen können: der Wunsch nach Geborgenheit, nach wirtschaftlicher Sicherung, nach gesellschaftlicher Einordnung in gültige Formen der Partnerschaft; der Wunsch nach Abhängigkeit oder Besitz eines Partners, die Angst vor der Einsamkeit, die Abhängigkeit von Gewohnheiten und Bequemlichkeiten, die Verlustangst oder die Angst, keinen neuen Partner zu finden. Von alldem ist die freie, ungebundene Liebe nicht belastet, so daß man bei ihr von der reinsten Liebe insofern sprechen könnte, als sie nur Liebe sein will. Und doch hat auch sie ihre Probleme, und es besteht eine weitere sehr schmale Grenze zum Egoismus, der im Sich-nicht-binden-Wollen liegen kann, also in einer Selbstbewahrung, der die Unabhängigkeit und Freiheit wichtiger ist als eine nahe und verpflichtende Beziehung, zu der man sich ganzheitlich bekennt und in der man sich und dem Partner Entwicklungsmöglichkeiten bietet, die man in der zeitlichen Befristung nicht kennenlernt. So bleibt die ungebundene Liebe die Liebesform der letztlich Einsamen, die vor der Ehe und der Familienbildung ausweichen oder vielleicht nicht den Partner finden, der sie dazu bewegen könnte – wer vermöchte es zu entscheiden, was hierbei Schicksal, was Selbstbewahrung ist?

Angst –
ein Hemmnis der Liebe

Angst gehört unvermeidlich zu unserem Leben. Sie tritt immer dann auf, wenn wir uns in einer Situation befinden, der wir nicht oder noch nicht gewachsen sind, in der wir unsere Ohnmacht, unsere Hilflosigkeit oder unsere Abhängigkeit erleben. Angst ist aber nicht nur etwas Negatives. Sie hat eine doppelte Funktion für uns: Sie ist einmal Signal und Warnung bei Gefahren, und sie enthält gleichzeitig einen Aufforderungscharakter, nämlich den Antrieb, die Angst zu überwinden. So liegt in jeder Angstsituation immer zugleich eine Bedrohung, aber auch eine Chance: die Chance, einen neuen Entwicklungsschritt zu wagen, eine Schranke zu überwinden, indem wir die durch die Angst gesetzte Grenze überschreiten und damit in unserer Weltbewältigung einen neuen Schritt vollziehen. So kann die Auseinandersetzung mit unseren Ängsten uns dazu verhelfen, stärker und wissender zu werden.

Bei aller Verschiedenheit unserer Ängste, die von unseren individuellen Anlagen und Lebensbedingungen abhängen, gibt es doch bestimmte Ängste, die wir alle kennen und durchmachen müssen, weil sie zu unserem Menschsein, zu unserer Befindlichkeit in der Welt gehören und mit unseren Abhängigkeiten gegeben sind. Diese Grundängste, wie ich sie nennen will, spiegeln unser Ausgespanntsein zwischen vier Forderungen wider, die das Leben an uns stellt und die wir erfüllen sollen. Wir werden diese Grundängste am besten verstehen können, wenn wir sie in der Zeit betrachten, in der sie uns zum erstenmal begegnen, nämlich in unserer Kindheit. Wir alle haben eine Geschichte unserer

Ängste, die praktisch mit unserer Geburt beginnt. Die frühesten Ängste sind für unsere Entwicklung besonders wichtig, weil unsere spätere Angstbereitschaft und unsere Mittel zur Angstbewältigung weitgehend davon abhängig sind, welchem Ausmaß an Angst wir in unserer Frühzeit ausgesetzt waren. Und unsere Ängste als Erwachsene sind auch davon abhängig, welche Hilfe, welchen Schutz wir in jener Zeit in unserer Umgebung gegen sie fanden. Denn in der frühen Kindheit brauchen wir zur Angstbewältigung noch besonders die Hilfe von außen.

Wir wollen nun die vier Forderungen, die das Leben uns auferlegt, mit den jeweils zu ihnen gehörenden Ängsten einzeln betrachten. Die erste Forderung, die mit der Geburt einsetzt, ist die, daß wir uns der Welt und dem Leben vertrauend öffnen sollen, gleichsam »Ja« sagen sollen zu unserem Dasein. Nie wieder in unserem Leben sind wir aber so total abhängig und hilflos der Umwelt ausgeliefert wie in den ersten Lebenswochen. Nie wieder haben wir zugleich so viele neue Anpassungen zu vollziehen, und nie wieder ist unsere Unfähigkeit, unsere Bedürfnisse und Nöte auszudrücken, uns jemandem verständlich zu machen, uns zu wehren, so groß wie in dieser Zeit. Daher werden Not- und Mangelerlebnisse hier als unser ganzes Dasein bedrohend erlebt. Dieses völlige Ausgeliefertsein, unsere hilflose und wehrlose Abhängigkeit, unsere Ungeborgenheit und das Überfremdetwerden unseres Eigenwesens durch die Umwelt sind daher die Grundlage unserer tiefsten und frühesten Angst, die wir die Existenzangst nennen wollen.

Es hängt nun entscheidend von unserer frühen

Umwelt ab, ob wir gegen diese Existenzangst im allmählich sich entwickelnden Vertrauen die erste Gegenkraft finden können. Dafür müssen wir die Verläßlichkeit, die Stabilität und die regelmäßige Wiederkehr von Menschen und Dingen erleben, durch die sie uns langsam vertraut werden. Vertrautwerden mit Menschen und mit der Welt ist die Basis des Vertrauens, und Vertrauenkönnen ist der wichtigste Schutz gegen die Existenzangst. Erst durch die Geborgenheit gebende verläßliche Nähe der Mutter wird es uns ermöglicht, unsere Angst aufzulösen und uns in der Welt heimisch zu fühlen.

Waren wir aber in dieser Zeit einem zu häufigen Wechsel unserer Bezugspersonen oder zu häufigem Ortswechsel ausgesetzt; wurden wir durch Sinneseindrücke überflutet, die wir nicht verarbeiten konnten; oder erlebten wir im Gegenteil durch zu viel Einsamkeit und Alleingelassenwerden die Welt als leer, weil sie uns zu wenig Reize und Eindrücke vermittelte, bleibt uns die Welt unheimlich, wir erleben sie als bedrohlich oder feindlich. Anstatt vertrauensvoll der Welt sich zuwenden zu können, entwickelt das Kind von früh an ein tiefes Mißtrauen, das zur Grundgestimmtheit seines gesamten Lebensgefühles wird.

Wenn jemand die Welt so früh als unheimlich oder bedrohlich erfahren hat, wird er als Schutzhaltung ihr gegenüber eine vorsichtig mißtrauische Distanz einhalten. Jedes Überschreiten dieser Distanz löst dann bei ihm Angst aus, ein Bedrohtheitsgefühl, das er mit aggressiver oder defensiver Abwehr bekämpft. So kommt es dazu, daß jede Nähe schon als Gefahr erlebt werden kann. Damit erscheint dann der ganze Bereich mitmenschlicher Kontakte, vor allem die Seite gefühlsmäßiger Zuneigung, als besonders gefährlich, weil wir hierbei einem anderen ja am nächsten kommen. Konsequenterweise wird man daher die größtmögliche Unabhängigkeit anstreben, um auf niemanden angewiesen zu sein, um niemanden zu brauchen. Das führt aber zu einer wachsenden Isolierung und Einsamkeit, die nun wieder die Angstbereitschaft verstärkt, denn der Einsame ist Ängsten immer mehr ausgesetzt als derjenige, der in der vertrauten Zugehörigkeit zu anderen ein Stück Geborgenheit und Schutz vor der Angst erleben kann.

Wie immer in unserem Leben, wenn wir Angst haben, gilt auch hier, daß im Annehmen der Angst das Helfende liegt; bloße Vermeidung dagegen verstärkt sie nur, weil die Angst sich dann innen aufstaut. Indem wir uns auseinandersetzen mit der Angst, können wir Kräfte zu ihrer Überwindung entwickeln; indem wir versuchen, gerade das zu wagen, wovor wir Angst haben, können wir den sichersten Weg finden, mit ihr fertig zu werden. Der in seinem Verhältnis zur mitmenschlichen Umwelt frühest Gestörte, der schizoide Mensch, müßte also vertrauen lernen, müßte es wagen, aus der Kälte seiner Einsamkeit in die wärmende Nähe mitmenschlicher Kontakte zu kommen. Nur so kann er neue Erfahrungen machen, die ihm helfen, sein früh entstandenes Mißtrauen und seine Angst aufzulösen.

Nun ist die Zeit dieses völligen Ausgeliefertseins glücklicherweise nur kurz, und die Fähigkeit, seine Bedürfnisse so auszudrücken, daß sie von der

Umwelt verstanden werden, wachsen dem Kind bald immer reicher zu. Aber nach jener frühesten Angst, der Existenzangst, werden wir bald mit einer neuen Angst konfrontiert; in dem Maße nämlich, in dem das Kind die Mutter als die Quelle aller Geborgenheit und Bedürfnisbefriedigungen erkennt und in dem sie dadurch zum wichtigsten Bezugspunkt seines Daseins wird, wächst das Bewußtsein seiner Abhängigkeit von ihr. Es braucht und sucht ihre Nähe, und wenn sich die Mutter entfernt, bekommt es Angst. Mit diesem Wissen um unsere Abhängigkeit sind nun alle Ängste gegeben, die wir als Trennungsangst oder Verlustangst bezeichnen können. Auch sie begleiten uns durch unser weiteres Leben, wenn auch meist nicht mehr mit der gleichen Intensität wie in der Kindheit. Je tiefer wir lieben und geliebt werden, um so mehr haben wir zu verlieren und um so mehr bedroht uns die Verlustangst, gegen die es keine letztliche Sicherung gibt.

Die Gegenkraft, die wir brauchen, um Trennungen zu ertragen, ist die Hoffnung. Aber auch unser Hoffenkönnen hat eine Geschichte und ist gebunden an die Erfahrung, daß unsere Hoffnungen sich in unserer Kindheit oft genug erfüllt haben. Erst dann können wir es lernen, zuversichtlich zu warten, wenn wir es als Kind erlebt haben, daß die Mutter, die uns eben verlassen hat, wiederkommt und da ist, wenn wir sie brauchen. So erleben wir allmählich die Sicherheit, daß wir nicht im Stich gelassen werden, und können die Abwesenheit der Mutter ohne Angst ertragen. Mit solchen Früherfahrungen werden wir auch später im Leben Fru-

137

strationen, Abschiede, Trennungen und Einsamkeit leichter aushalten, weil wir hoffen und glauben gelernt haben. Das vermittelt uns eine optimistische Grundgestimmtheit, die für unser ganzes Leben ein unschätzbares Kapital darstellt.

Erst auf der Grundlage einer solchen Sicherheit, die eine geglückte Mutterbeziehung uns ermöglicht, können wir die zweite Forderung erfüllen, die das Leben an uns stellt: nämlich, uns zu einem eigenständigen Individuum zu entwickeln. Waren wir indessen in jener Entwicklungsphase nicht in der Lage, solche glücklichen Erfahrungen zu machen, kann auch später noch die Trennungs- und Verlustangst ein äußerst quälendes Ausmaß annehmen und sich bis zur Panik steigern. Schon bei kurzfristigen Trennungen kann dann die alte Angst vor dem Alleingelassenwerden wieder aktiviert werden, die uns als Kind in hoffnungslose Verzweiflung stürzte. Wenn wir nicht jene Sicherheit kennengelernt haben, wird ein Abschied, eine Trennung immer wie etwas Endgültiges, wie ein Weltuntergang erlebt, ohne Hoffnung, daß das Leben neue Erlebnismöglichkeiten hat.

Ist nämlich die Mutter unzuverlässig und gleichgültig, überläßt sie das Kind zu oft und zu lange sich selbst, so daß es nie weiß, ob und wann sie wiederkommen wird, muß es jedes Sich-Entfernen der Mutter mit wachsender Angst erleben. Es bleibt dadurch in einer dauernden ängstlichen Abhängigkeit, die es an die Mutter bindet, sein ganzes Interesse ist nur noch darauf gerichtet, wie es die Mutter halten kann.

Ähnlich ergeht es Kindern, die eine Mutter hatten, welche das Kind durch Verwöhnung an sich binden und sich dankbar verpflichten wollte. Wer verwöhnt, will von dem geliebt werden, den er verwöhnt, weil er seine Liebe braucht. Solche Mütter binden das Kind mit allen Mitteln an sich und können es nicht für seine eigene Entwicklung freigeben, weil sie es damit zu verlieren fürchten. So unterbinden sie alle selbständigen Regungen des Kindes; es soll möglichst lange klein bleiben, sie brauchen und auf sie angewiesen sein. Das Kind lernt es dann nicht, seine Kräfte und Fähigkeiten zu erkennen; es bleibt unselbständig und versteht es nicht, mit der Welt umzugehen, weil die Mutter sich immer dazwischenschiebt und ihm alles abnimmt, ihren Egoismus in Überbesorgtheit kleidend. So bleibt das Kind in der Abhängigkeit von der Mutter und kann sie nicht loslassen, weil es ohne sie hilflos ist.

Ist man mit solcher Trennungs- und Verlustangst aufgewachsen, erscheint es einem als einzige Möglichkeit, diese Ängste zu vermeiden, daß man auch später in seinen Gefühlsbeziehungen immer die größtmögliche Nähe anstrebt. Man möchte immer mit dem Partner zusammensein, alles mit ihm gemeinsam tun und mit ihm in einer Symbiose, einer so engen Gemeinschaft leben, daß die trennende Grenze zwischen Ich und Du, die die Angst auslöst, aufgehoben zu sein scheint. Aber nun steigert die zur Angstvermeidung angestrebte größtmögliche Nähe gerade wieder die Angst, weil man es so nicht lernt, allein zu sein, so daß schon bei kurzer Trennung Panik auftritt.

Hier kann uns nur helfen, zu lernen, eine

gesunde Distanz zum anderen einzuhalten, die es uns erst ermöglicht, uns zu einem eigenständigen Individuum zu entwickeln, mit dem Ausmaß an Unabhängigkeit, das wir brauchen, um so viel Halt in uns selbst zu finden, daß wir nicht allen Halt an einem anderen Menschen suchen müssen. Manche anscheinend aufopfernde Liebe, die nur für den anderen lebt und für sich selbst nichts beansprucht, entsteht auf dem Boden solcher frühen, zu lange ausgedehnten Abhängigkeit von der Mutter: Man wiederholt dann unbewußt die alte Erfahrung, daß es nur eine Garantie gegen die Trennungsangst zu sein scheint, wenn man gebraucht wird – dann wird man nicht so leicht verlassen. So übernimmt man in der Partnerschaft entweder die Mutterrolle und versucht, den Partner zum abhängigen Kind zu machen, oder man übernimmt die Kindrolle und schiebt den Partner in die Mutterrolle durch dargelebte Hilflosigkeit, die ihm demonstriert, daß man ohne ihn nicht leben kann.

Die Menschen mit diesem Kindheitshintergrund übergroßer Abhängigkeit – es sind die depressiven Menschen – haben als tiefstes Lebensgrundgefühl eine pessimistische Einstellung. Sie leben immer mit dem Bedrohtheitsgefühl möglicher Verluste und fürchten, in die Einsamkeit und Verlassenheit zu fallen, sobald sie den Griff etwas lockern, mit dem sie den Partner festhalten. Sie fürchten es, sich oder dem Partner die Möglichkeit zu unabhängiger, eigenständiger Entwicklung zu lassen, zu gesunder Abgrenzung, weil jede Selbständigkeit die zu enge Bindung zu bedrohen scheint. Und doch liegt nur darin die Gegenkraft gegen die Verlustangst; denn je mehr man selbst etwas ist und kann, um so weniger braucht man so völlig von einem anderen abhängig zu werden.

Mit zunehmender Eigenständigkeit des Kindes wird es sich aus der engen Mutterbindung lösen wollen. Es entwickelt seinen Eigenwillen immer stärker, es lernt laufen und sprechen und wird damit immer selbständiger. Mit seinen neuen Fähigkeiten kann es nun erstmalig in Konflikt mit der Umwelt kommen; sein Wille kann mit dem der Eltern zusammenstoßen, die gewisse Ordnungen von ihm verlangen, ihm Gebote und Verbote setzen. Aus den Reaktionen der Eltern auf sein Verhalten lernt das Kind nun, erlaubt und unerlaubt zu unterscheiden, und kann sich im Gehorchen als gut, im Ungehorsam als böse erfahren. Damit erlebt es eine neue Angst: die Angst vor Schuld und Strafe. Es erlebt erstmals die Möglichkeit seines eigenen Böseseins und beginnt den Kausalzusammenhang zwischen seinem Tun und dessen Folgen zu verstehen. In einer Atmosphäre von lebendiger Ordnung und von Verständnis für das Kind, wo ihm notwendige Grenzen gesetzt werden, ohne es autoritär zu dressieren oder lieblos zu zwingen, kann es die Anfänge gesunder Selbstbeherrschung und in kritisch prüfender Auseinandersetzung mit der Autorität und deren Forderungen selbständig urteilen und entscheiden lernen. Das wird ihm allmählich die Einsicht in die Notwendigkeit gewisser Ordnungen ermöglichen und zur Grundlage seines sittlichen Wertbewußtseins werden.

Unsere Angst vor Schuld und Strafe, die Gewissensangst, wie wir sie auch nennen können, ist nun in ihrer Intensität wieder entscheidend abhängig davon, wie wir sie als Kinder erlebten. Starre, prinzipielle und autoritäre Verhaltensweisen der Eltern, harte Strafen und schwer zu erringende Verzeihung schaffen im Kind eine Schuldgefühlsbereitschaft und Strafangst, die ihm den Mut zum Wagnis, zur selbstverantwortlichen Entscheidung völlig nehmen können. Vor allem, wenn Gebote und Verbote zu früh an das Kind herangetragen werden und es somit altersgemäß überfordert wird, können die Folgen besonders belastend sein. Man wird sich dann auch später immer an das Gelernte und Vorgeschriebene halten, sich um jeden Preis anpassen, weil die möglichen Folgen seines Verhaltens immer drohend wie ein Damoklesschwert über einem hängen.

So kann man die dritte Forderung des Lebens nicht erfüllen: den Mut zum Wagnis und zur Wandlung, zur Selbstverantwortung und freien Entscheidung. Anstatt zu vernünftiger Selbstbeherrschung und Selbstkontrolle kommt es dann zur Überanpassung bis zur Gefügigkeit und Rückgratlosigkeit. Statt frei zu wählen und sich zu entscheiden, lehnt man sich immer nur an die gegebenen Normen an, tut, ungeprüft auf Wert oder Unwert, nur, was »man« tut, um nicht von der Norm abzuweichen und in den Konflikt zu kommen, eine eigene Entscheidung treffen zu müssen.

So können Korrektheit und Verläßlichkeit, aber andererseits auch Mangel an Spontaneität, Risikofreudigkeit und Originalität sowie das Ausweichen vor selbstverantwortlichen Entscheidungen entstehen, die den zwanghaften Menschen kennzeichnen.

Jedes Abweichen von dem, was er als »richtig« gelernt hat, löst bei ihm Angst aus, zumindest Unsicherheit. Deshalb wäre es ihm am liebsten, wenn in der Welt alles beim alten bliebe, damit er nicht vor neue Situationen gestellt wird, für die er kein Rezept gelernt hat und in denen er daher in eigener Verantwortung eine Entscheidung treffen müßte. Zur Vermeidung von Gewissenskonflikten und Schuldgefühlen und aus seiner Strafangst bleibt er in der Angepaßtheit stecken, hält starr am Gelernten fest und läßt die vorgefundenen Normen für sich entscheiden – dankbares Objekt für alle Machthaber, die in ihm ein immer gefügiges Werkzeug finden. Solange er sich an das hält, was man von ihm erwartet, meint er das Richtige zu tun, weiterhin sich wie ein Kind verhaltend, das ohne zu fragen den Willen der Eltern ausführt. Seine Ängste spiegeln in oft verblüffender Weise die Gebiehungsmethoden seiner Eltern und Erzieher wider, bei denen nur der absolute Gehorsam galt, die jedes Abweichen von ihren Geboten streng bestraften, unelastisch und prinzipiell. So wurde ihm ein Perfektionismus anerzogen, ein Gefühl des immerwährenden Sollens und Müssens, das keinen Raum mehr läßt für lebendiges Risiko, für unbefangene Lebensfreude und Spiel; alles wird ihm zur Pflicht, zum Zwang, und er muß bei sich und anderen nur immer darauf aufpassen, daß nichts Unerlaubtes geschieht. Er entwickelt dann eine erhebliche Intoleranz gegen jeden, der in irgendeiner Weise von den Normen abweicht, denn das konstelliert bei ihm sofort die Angst, er könne vielleicht auch einmal von seinen Prinzipien abweichen und damit seinen Angstschutz verlieren. Ob in Sachen des Glaubens, der Moral oder bei Sitten und Gebräuchen – er ist immer der Orthodoxe und Intolerante, der am Buchstaben klebt und sich erst sicher fühlt, wenn alles klar vorgeschrieben ist. Das heute gern propagierte Gegenteil liegt dort vor, wo dem Kind zu wenig Grenzen gesetzt werden, wo es antiautoritär, wie man zu sagen pflegt, also eigentlich gar nicht erzogen wird. Solche Kinder lernen zwar die Schuld- und Strafangst nicht kennen; aber der weitgehende Mangel an erlebter lebendiger Ordnung und der Ausfall an Führung kann die Angst vor den Möglichkeiten der eigenen Willkür mit sich bringen. Ein Übermaß an Freiheit und Ungebundenheit vermittelt zu wenig Orientierung und macht auch nicht angstfrei.

Die Hilfe gegen die Angst des zwanghaften Menschen liegt im Wagnis selbstverantwortlicher Entscheidung, die nichts ungeprüft übernimmt, nur weil man es so gelernt hat.

Nach dieser Zeit, in der das Kind sich aus der engen Mutterbindung lösen und selbständiger werden sollte, muß es nun lernen, mit der neu gewonnenen Selbständigkeit umzugehen. Mit dem Entdecken des Geschlechtsunterschiedes und dem rivalisierenden Sich-Messen mit anderen werden neue Ängste in ihm wach: die Angst vor der Begrenztheit seines Wesens, die Angst, sich neben anderen bewähren zu müssen, die Angst vor der Zukunft als einem Felde zu erfüllender Forderungen und Erwartungen.

Für diese neuen Entwicklungsschritte braucht das Kind Vorbilder, mit denen es sich identifizieren

144

kann, besonders auch Vorbilder für seine eigene zukünftige Geschlechtsrolle. Die Identifikation mit den elterlichen Vorbildern soll es dem Kind allmählich ermöglichen, ein Leitbild für sich selbst zu finden, das schließlich zur Identität mit sich selbst führt und zu einem gesunden Selbstwertgefühl. Das Kind will sich nun als Gesamtpersönlichkeit liebenswert erleben, auch als Geschlechtswesen. Der Wunsch, sich als liebenswert zu erfahren und zu fühlen, daß auch seine Liebe anderen etwas bedeutet, ist hier viel personaler und ganzheitlicher als in den früheren Phasen der Entwicklung. Damit konstelliert sich die Angst vor dem Erleben des eigenen Unwertes, vor dem Nicht-liebenswert-Sein, mit den Abwandlungen dieser Angst als Angst vor der Blamage, vor dem Versagen, vor dem Nicht-Können und vor Gefühlen der Minderwertigkeit, die alle auf dem Boden des Sich-nicht-angenommen-Fühlens erwachsen. Im weiteren Leben können diese Ängste als Lampenfieber, Prüfungsangst und als Angst vor der Hingabe oder vor eroberndem Werben sich fortsetzen, als Angst vor rivalisierender Auseinandersetzung mit anderen. Die zentrale Angst ist also hier die vor dem Erleben des eigenen Unwertes, die nun nicht als Abgelehntwerden wegen nicht erfüllter Forderungen oder Gebote erlebt wird, sondern als den gesamten Selbstwert betreffend, das ganze Sein in Frage stellend. Dies macht die Intensität der Angst bei den Menschen verständlich, die zum hysterischen Strukturkreis gehören.

Bei ihnen ist aus verschiedenen Gründen die Identifikation mit gesunden elterlichen Vorbildern nicht geglückt. Mehr als in den Vorphasen ist nämlich in dieser Zeit die Reife der Eltern für das Kind wichtig, weil es hier an ihnen überzeugende Vorbilder sucht und braucht. Es muß ihm reizvoll vorkommen, erwachsen zu werden, es muß ihm als eine lohnende und lockende Aufgabe erscheinen, in die Welt der Erwachsenen hineinzuwachsen. Ist die ihm vorgelebte Welt dagegen chaotisch oder überfordernd, fühlt es sich nicht angenommen, spürt es die Unechtheit der Eltern oder merkt, daß sie eine doppelte Moral haben und das, was sie ihm verbieten, selber tun, wird es Angst vor dem nun fälligen Reifungsschritt bekommen. Es kann dann die Eltern nicht ernst nehmen, oder wenn es sich trotzdem mit ihnen identifiziert, bekommt es zu wenig echte Möglichkeiten vorgelebt, wie man mit der Welt umgehen soll. Dann lernt es zwar, zu Hause eine Rolle zu spielen, die hier einigermaßen trägt, aber nicht mehr draußen in der Welt. Dann versucht es, in immer neuen Rollen sich zu behaupten; es spielt die Rolle dessen, der es sein möchte, ohne den soliden Untergrund dafür zu haben. Das erhöht aber seine Angst; denn sein ganzes Lebensgefühl baut so schließlich auf Unechtheit auf, was jederzeit zu einer Katastrophe führen kann.

Auf solcher Grundlage können wir die vierte Forderung des Lebens nicht erfüllen: das Annehmen der Notwendigkeiten und Gesetzmäßigkeiten, die zur Wirklichkeit unseres Lebens gehören. Aus Angst, durch sie festgelegt zu werden oder vor ihnen zu versagen, versucht man, sich ihnen zu entziehen in eine alles relativierende Unverbindlichkeit und Scheinfreiheit, oder man behält eine

146

Wunschwelt bei, in der man weiter glauben kann, daß der Wunsch genügt, etwas werden zu wollen, um das Gewünschte zu erreichen, ohne dafür besondere Anstrengungen machen zu müssen.

Die Hilfe kann hier nur darin liegen, zur Identität mit sich selbst zu finden. Das hieße, seine Rollen abzulegen, sich nicht mehr mit Vorbildern aus seiner Kindheit nachahmend zu identifizieren oder mit Wunschbildern von sich selbst, sondern wirklich mit sich selbst, mit seinem eigentlichen Wesen und dessen Möglichkeiten und Grenzen. Denn das Ausweichen vor der Wirklichkeit, auch vor der eigenen, schafft eine Kluft zwischen Wunschwelt und Realität, die immer tiefer wird und damit die Angst verstärkt.

Die Angst vor der Bedrohtheit unseres Daseins in der Welt, die Angst vor Trennung und Verlust, die Angst vor Schuld und Strafe und schließlich die Angst vor der Bedrohtheit unseres Selbstwertgefühles und unserer Identität – das sind die Grundängste, die unvermeidlich zu unserer menschlichen Existenz gehören. Wir alle machen in den Entwicklungsjahren der Kindheit unsere ersten Erfahrungen mit diesen Ängsten. Ihre Intensität und ihre Verarbeitungsmöglichkeiten hängen sehr entscheidend von unseren frühkindlichen Erfahrungen ab. Je nach den Lücken und Erschwerungen in unserer Entwicklung werden wir für bestimmte Ängste besonders, für andere weniger anfällig sein. Aber als Erwachsene haben wir, im Vergleich zum Kinde, viel mehr Fähigkeiten zur Angstbewältigung und Angstüberwindung: Erkenntnis und Wissen, Hoffnung und Glauben, Mut und Verantwortungsbe-

147

reitschaft, Können und Wahrhaftigkeit vermögen wir gegen die Angst zu mobilisieren. Und wir können es lernen, die Angst in kleinen Teilschritten zu überwinden, in einem Lern- und Übungsvorgang, bis wir stark genug geworden sind, uns auch mit größeren Ängsten auseinanderzusetzen.

Ein Leben ohne Angst gibt es nicht im Bereich des Menschlichen. Aber die Angst hat nicht nur einen bedrückenden und quälenden Aspekt, sondern sie enthält auch immer einen Reifungsimpuls: Der Mut, etwas neu zu wagen, sich der Angst zu stellen, läßt uns neue Erfahrungen mit uns selbst und mit der Welt machen und gibt uns die Chance, unsere Kindheitsängste zu überwinden. So kann Angst zum Antrieb für neue Entwicklungen werden, und das scheint uns ein tröstlicher Aspekt zu sein, wenn sie auch damit nicht aus der Welt geschafft ist. So viel ist sicher, daß das fortgesetzte Ausweichen vor einer Angst keine Hilfe ist – sie staut sich dann nur um so intensiver in uns auf.

Was wir aber aus diesen Überlegungen lernen können: Eine gesunde Erziehung kann uns später viel Ängste ersparen. Darum sollten Eltern und Erzieher mehr darüber wissen, was für das Kind in den ersten Lebensjahren unbedingt notwendig ist, welches Verhalten, welche Unterlassungen oder Einschränkungen bei ihm Ängste setzen, die vermeidbar sind. Würden uns die vermeidbaren Ängste wirklich erspart, wäre schon sehr viel gewonnen. Denn auf einer gesunden Basis hat der Mensch die Kraft, mit den Ängsten seines Daseins fertig zu werden. Nur bei schweren Störungen in unserer frühen Kindheit können sie später unerträgliche Formen annehmen, so daß wir sie allein nicht mehr bewältigen können, sondern therapeutische Hilfe brauchen. Indessen kann schon das Wissen, daß große Ängste, die in keinem Verhältnis zur wirklichen Situation stehen, mit Sicherheit aus der Kindheit stammen, eine Hilfe bedeuten. Sie sind dann nicht mehr so irrational und unverständlich, sondern verstehbarer geworden. Und dieses Wissen vermag uns vielleicht den Mut und den Glauben zu geben, mit der Angst fertig werden zu können, weil wir ja nicht mehr das hilflose Kind von damals sind, das seiner Angst ohnmächtig ausgeliefert war. Wir haben inzwischen Kräfte und Fähigkeiten entwikkelt, die wir nur anzuwenden brauchen, um allmählich das Lähmende und Erdrückende der Angst zumindest aufzulockern und zu erleichtern. Jede Angstbewältigung ist ein kleiner Sieg, der uns stärker macht. Oft brauchen wir nur die Angst bewußt anzusehen, damit sich das Gefürchtete klarer erkennen läßt, das durch das Wegblicken aus Angst vor der Angst uns viel bedrohlicher erscheint als es meist ist.

Existentielle Bedrohtheit und ihre Folgen

Dieses Kapitel soll der Frage nachgehen, wie unsere mitmenschlichen Beziehungen durch die weltweite existentielle Bedrohtheit beeinflußt werden, welche Gefahren uns hier drohen und welche Gegenkräfte wir gegen sie entwickeln können.

Es hat sicher Zeiten gegeben, in denen unsere Welt den Menschen mehr Geborgenheit gegeben hat, als es heute der Fall ist, Zeiten, in denen man planen konnte und Entwicklungen glaubte absehen zu können. Heute ist das anders geworden. Wir fühlen uns zutiefst beunruhigt und bedroht. Wohl erstmals in der uns überlieferten Geschichte der Menschheit stehen wir vor Tatsachen, die man vorher nicht gekannt hatte. Die sogenannte Bevölkerungsexplosion hat zusammen mit der Ausbeutung der Nahrungs- und Energiequellen unseres Planeten uns in die Lage gebracht, daß unsere Mutter Erde in vorausberechenbarer Zeit nicht mehr imstande sein wird, ihre Kinder zu ernähren. Die immer als so selbstverständlich angenommene Unerschöpflichkeit der natürlichen Quellen unseres Planeten ist auf einmal in Frage gestellt – nicht von Pessimisten oder weltanschaulichen Außenseitern wird das behauptet, sondern von nüchtern und sachlich rechnenden Wissenschaftlern und Fachleuten, die die Lage überschauen können. Aber nicht genug damit, bedroht die selbstverschuldete Umweltverschmutzung in den Städten sogar unsere Luftversorgung; viele unserer Flüsse und Seen und sogar die Meere drohen an den in sie abgeführten Industrieabfällen zu sterben oder doch zumindest einen solchen Schaden zu nehmen, daß die Pflanzen- und Tierwelt in ihnen zugrunde gehen muß, wenn keine Abhilfe geschaffen wird. Wer hätte sich noch vor ein paar Jahrzehnten vorstellen können, daß uns im wahrsten Sinne des Wortes einmal die »Luft ausgehen« könnte, dieses Element, das für alle und jeden, ohne soziale und sonstige Unterschiede, scheinbar im Überfluß vorhanden war und immer sein würde, dieses Element zugleich, das von allen lebensnotwendigen Dingen das lebenswichtigste für uns ist? Und immer wieder hören oder lesen wir, daß die Überlebenschancen der Menschheit überhaupt unsicher scheinen – auch das wieder von ernstzunehmenden Wissenschaftlern. Und auch damit noch nicht genug, schwebt das Damoklesschwert eines dritten Weltkrieges mit dem möglichen Einsatz von Atombomben und anderen Vernichtungsmöglichkeiten drohend über unseren Köpfen.

Wie sich der einzelne auch dazu einstellen mag – das Gefühl existentieller Bedrohtheit unseres Lebensraumes, ja unseres Daseins wird ihn irgendwie erfassen; keiner kann sich wohl einer tiefen Beunruhigung entziehen, der bangen Frage, worauf das alles hinaus will, was werden, wie das enden soll. Manche trösten sich mit dem Gedanken, daß die Naturwissenschaften, deren ungeheuren Fortschritten keine Grenzen gesetzt zu sein scheinen, schon irgendwelche Wege finden werden, die Probleme zu lösen. Andere stellen sich auf den Standpunkt des »nach mir die Sintflut« – was kümmert es mich, wenn in fünfzig oder hundert Jahren die Wissenschaftler recht behalten? Heute ist heute, nur der Augenblick zählt, und den wollen wir so intensiv wie möglich genießen – was danach kommt, geht uns nichts mehr an. Wieder andere sind vom nahen Weltuntergang überzeugt, dem sie resigniert entgegensehen, oder sie hoffen auf ein Wunder oder auf den neuen Messias, und manche sehen in der Rückkehr zum einfachen Leben oder in irgendeiner Form der Weltflucht das Heilende oder die Rettung. Aber all diese Einstellungen und Verhaltensweisen, Hoffnungen oder Resignation sind ja bereits Ausdruck unseres Erfaßtseins von jenem Gefühl der Bedrohtheit.

Solche Zeiten rütteln an unseren tiefsten Daseinswurzeln – die Existenzangst hat uns ergriffen, ob wir sie uns bewußt machen oder nicht. Die Folgen sind unverkennbar: Wenn wir nicht mehr an eine sinnvolle Zukunft glauben können, droht uns die Gefahr des Nihilismus. Dann flüchten viele in die Bindungslosigkeit, in Egozentrik oder in Gleichgültigkeit; es kommt zu zerstörerischen Aggressionen aus der Lust am Zerstören, aus Lebensfeindlichkeit und Menschenverachtung, aus tiefer Enttäuschtheit und aus Angst. Oder es kommt zu rücksichtslosem Sich-Ausleben auf Kosten anderer, zu Verantwortungslosigkeit dem Mitmenschen und dem eigenen Leben gegenüber, es kommt zur Abwertung und Verachtung all dessen, was uns als Wert gegolten hat, was das Leben lebenswert machte und ihm einen Sinn gab.

In der Psychotherapie kennen wir solche Erscheinungen bei seelisch kranken Menschen, die aufgrund schwerer Kindheitsschicksale ohne Liebe und Geborgenheit solche Menschen- und Lebensfeindlichkeit entwickelten. Wir können von ihnen lernen, welche Gefahren Ungeborgenheit und

Wurzellosigkeit für uns alle bedeuten und wie das Gefühl der existentiellen Bedrohtheit das Humane in uns gefährden, ja zerstören kann.

Die Tatsache unserer Bedrohtheit läßt sich nicht ableugnen; also bleibt die Frage offen, wie wir die Existenzangst bewältigen können, ob und welche Möglichkeiten es dafür gibt. Wir können sie fatalistisch wie eine Schicksalsgegebenheit hinnehmen, demütig oder resigniert. Dann überlassen wir unsere Zukunft höheren oder niederen Mächten, die wir als zu mächtig ansehen, als daß wir uns gegen sie auflehnen oder sie aufhalten könnten. Das führt zu einer passiven Ergebenheit, die den eigenen Untergang bejaht, weil sie sich nicht dagegen wehrt. Diese Haltung ist indessen eine Bequemlichkeit, die sich hinter einer scheinbaren Demut verbirgt und mit wahrer Demut wenig gemeinsam hat. Denn wirkliche Demut bezieht sich auf das Hinnehmen-Müssen von schicksalhaften Gegebenheiten unseres Mensch-Seins, auf unsere Abhängigkeit von Mächten, die wir mit unserem Verstand nicht begreifen können, auf die »schlechthinnige Abhängigkeit«, wie Schleiermacher sie genannt hat, auf all das also, was den Hintergrund unseres religiösen Gefühls bildet und was jenseits unserer Macht und unseres Wollens liegt, auch jenseits von Schuld und eigener Verantwortung. – Nicht viel anders ist es mit denen, die auf ein Wunder warten – diese Einstellung ist auf den ersten Blick etwas sympathischer, weil sie eine Hoffnung offenläßt. Aber im Grunde ist sie genauso passiv und bequem wie die eben beschriebene. Naiver Kinder- oder Wunderglaube überläßt das, was geschehen sollte, irgend-

154

welchen Mächten, die es gut mit uns meinen sollen. So entziehen wir uns aber ebenfalls dem selbstverantwortlichen Handeln – der liebe Gott wird es wohl machen, und am besten sehen wir die Wirklichkeit gar nicht so genau an, um in unserem Kinderglauben nicht beunruhigt zu werden. Das wird uns mit Sicherheit ebensowenig helfen.

Oder wir können auf die Existenzangst auch antworten mit der schon erwähnten Einstellung des »nach mir die Sintflut«. Auch das ist eine Bequemlichkeitshaltung, denn wir versuchen dann lediglich, für uns selbst so viel Lust und Genuß wie möglich aus dem Leben herauszuholen, letztlich auch resignierend, was die Zukunft anlangt – die haben wir bereits abgeschrieben und meinen, uns gerade daraus das Recht nehmen zu können, ganz egoistisch nur die eigene Befriedigung zu suchen. Man wird aber dabei den Verdacht nicht los, daß der Egoismus das Primäre bei dieser Einstellung ist und daß wir die Existenzangst nur als Alibi benutzen, um unseren Egoismus zu entschuldigen. Und diese Einstellung dient noch dem weiteren Zweck: die Existenzangst durch möglichst intensives Erleben zu betäuben, nicht ins Bewußtsein treten zu lassen; dadurch wird solcher Lebensgenuß leicht zur Süchtigkeit, die, wie jede Sucht, Angst vermeiden will.

Von solchen Menschen ist also auch keine Hilfe zu erwarten. Noch weniger von denen, die die allgemeine Krisensituation dafür glauben benutzen zu können, um ihre zerstörerischen Impulse auszuleben, die anarchistisch oder nihilistisch mit Terrorakten an die Macht zu kommen suchen und, wenn

155

es ihnen gelänge, ein Chaos hinterlassen würden.

All das hat es in der Geschichte der Menschheit immer wieder einmal gegeben; nach großen Erschütterungen – Naturkatastrophen, Epidemien und großen Kriegen – tauchten regelmäßig solche Erscheinungen auf: Wundererwartungen, Weltuntergangsphantasien, die Angst zudecken sollenden Orgien der Lebenslust und nihilistische Tendenzen – alles psychologisch verständliche, aber unreife Verhaltensweisen, die sich nicht um ein Ändern-Wollen und um klares Erkennen der Situation bemühen, sondern entweder passiv nur re-agieren oder das Schlimme noch schlimmer machen.

Aber müssen wir es wirklich als unser Schicksal hinnehmen, daß wir im Begriff sind, uns selbst zu vernichten? Sind es höhere oder niedere Mächte, die uns dahin bringen, Raubbau an unserer Welt zu üben, ohne an die uns nachfolgenden Generationen zu denken, denen wir ein Chaos hinterlassen? Haben wir das alles wirklich gar nicht in unserer Hand und müssen wir nur zusehen, wie wir zerstören? Und wo ist die Grenze zwischen dem von uns Hinzunehmenden und dem, was wir selbstverantwortlich gestalten können?

Große Erschütterungen sind ja nicht nur eine Gefahr, sondern sie enthalten auch die Aufforderung, uns zu besinnen und nach dem Rettenden Ausschau zu halten. Versuchen wir, uns nach solchem Rettenden umzublicken.

Die erste Hilfe, die wir uns geben können, ist die nüchtern-klare Einsicht in unsere Situation und in unsere Gefährdung. Anders formuliert: Wir müssen zunächst einmal unsere Angst annehmen und sie uns bewußt machen; denn Angst ist immer, wo wir sie erleben, ein Alarmsignal, das Anzeichen einer Gefahr, und zugleich enthält sie den Aufforderungscharakter, das Gefährdende zu überwinden. Dazu müssen wir es aber zuerst überhaupt wahrnehmen; Vogel-Strauß-Politik bedeutet nicht nur ein Ausweichen vor der Angst, sondern eine zusätzliche Gefahr, weil dann das Gefährdende weiter wuchert. Wir müssen also unsere Erkenntniskraft schärfen und sehr genau hinsehen, in welcher Lage wir uns befinden. Wir dürfen uns nichts vormachen lassen von irgendwem, noch uns selbst etwas vormachen, was unsere Lage verniedlicht oder Illusionen von Wundern in uns erweckt, die wie im Märchen ohne unser Zutun plötzlich alles gut ausgehen lassen. Wir haben bisher zu einseitig den wirtschaftlichen und wissenschaftlichen Fortschritt gesehen und gefeiert, ohne uns der erhöhten Verantwortung bewußt zu werden, die unvermeidlich damit verbunden ist. Wir haben naiv gemeint, daß es uns immer besser gehen würde, daß wir uns immer mehr leisten, immer mehr Wünsche erfüllen können; wir haben gewissermaßen Paradiesvorstellungen entwickelt, Schlaraffenlandvorstellungen vom Leben, wo uns das Gewünschte ohne eigenes Bemühen zufliegt.

Damit haben wir aber das organische Gleichgewicht der Natur um uns ins Wanken gebracht; wir haben sie ausgebeutet und ihr damit die Möglichkeit zu ausgleichender Regeneration genommen, als ob wir wie verantwortungslose Kinder nur zuzulangen und zu nehmen brauchten, ohne uns darum zu kümmern, woher es kommt und welche Folgen das hat. Zur klaren Erkenntnis unserer Lage muß daher eine neue Verantwortung hinzukommen, auf die wir uns hinerziehen müssen. Das geht jeden einzelnen an; wir dürfen uns auf niemanden mehr ungeprüft verlassen, dürfen drängende Fragen und Probleme nicht einfach anderen überlassen, sie nicht an die Wissenschaftler oder Politiker delegieren, die »es schon machen werden«, sondern wir müssen uns alle mitverantwortlich fühlen für alles Geschehen auf der Welt, soweit es von uns abhängt, und in dem uns erreichbaren Wirkungskreis danach handeln. Wir müssen mitdenken und mithandeln, bereit sein, Verzichte auf uns zu nehmen, wo sie notwendig sind oder werden.

Das ist häufiger möglich, als wir im allgemeinen glauben, und auch wirkungsvoller, als wir meinen. Ob wir etwa für oder gegen die Geschwindigkeitsbegrenzung auf unseren Straßen stimmen, das liegt in unserer Macht; ob uns also die Interessen der Autobranche und einiger Rennfahrer wichtiger sind als die dadurch gehäuften Todesopfer; ob wir in besiedelten Gegenden durch Tempoverringerung eine Lärmverminderung und zugleich eine geringere Luftverschmutzung erreichen, zudem Kraftstoff sparen – Vernunft, Einsicht und Rücksicht, die in unserer Hand liegen, sollten das ermöglichen; sonst werden uns die Politiker und die Versicherungsgesellschaften vermutlich bald dazu zwingen; die letzteren, indem sie für Unfälle bei zu hohen Geschwindigkeiten nicht mehr haften. Es ist ein klägliches Zeichen für unsere Unreife, wenn wir uns erst dann bequemen, einen Mißstand abzuschaffen, wenn seine Folgen uns bereits lebensgefährdend bedrohen. Das ist nur ein kleines Beispiel, das aber auf viele andere Gebiete angewandt werden kann.

Wir können es zum Beispiel in der Form verallgemeinern, daß Erfindungen und zunächst scheinbare Verbesserungen unseres Lebensstandards durch sie immer nur dann vorgenommen werden dürften, wenn sie der Gemeinschaft und unserer lebendigen Umwelt nicht schaden. Dafür müßten sich Politiker, Sozialwissenschaftler, Techniker, Biologen, Erfinder, Psychologen und Verhaltensforscher jeweils zusammensetzen und das anstehende Problem von allen Seiten betrachten. Die unorganische Isolierung der einzelnen Wissenschaften, die unbekümmert umeinander und um das Ganze nur ihren sektorenhaften Blick haben und ihre Fachinteressen vertreten, ist nicht nur nicht mehr zeitgemäß, sondern schädlich. Helfen kann hier nur eine Teamarbeit, die Erfindungen jeweils abwägt nach den Folgen, die nie von einer Fachwissenschaft allein beurteilt werden können. Könnten wir nicht etwas wie einen »obersten Wissenschaftsrat« gründen aus Fachgelehrten, die sich nicht nur fachlich, sondern vor allem auch menschlich qualifiziert haben durch Weitblick, humane Einstellung und Einsicht in unsere Lage, von denen die Politiker unterrichtet würden, bevor sie einseitige, aus mangelnder Information stammende Entschlüsse fassen? Politik und Wissenschaft müssen zusammenarbeiten mit dem gemeinsamen Ziel, das Beste für die Gemeinschaft zu finden; soziale Einsichten dürfen nicht den Machtwünschen einzelner geopfert werden.

Das gilt entsprechend auch für soziale Schichten.

Es ist ein Anzeichen einer kranken Gesellschaft oder Politik, wenn sie irgendwelche benachteiligten Gruppen in den Streik als letzte Selbsthilfe treibt, welche Methode dann leicht Schule macht und erpresserisch angewandt wird, auch wo sie nicht nötig wäre. Auch hier scheint mir die Hilfe nur darin zu liegen, daß wir es lernen müssen, organisch-ganzheitlich zu denken: Wir müssen die Welt und die Menschheit als einen Organismus begreifen, in dem alle Teile und Funktionen aufeinander ange-wiesen und voneinander abhängig sind, so daß die Schädigung eines Teiles immer auch das Ganze betrifft und schädigt, zumindest auf lange Sicht. Wir haben zu lange geglaubt, daß eine Verbesserung der menschlichen Lebensbedingungen vorwiegend in der materiellen Wohlstandsvermehrung liege; das ist aber nicht organisch gedacht: Wir erleben es ja zur Zeit eindrücklich genug in der Energiekrise und Umweltverschmutzung, daß in der einseitigen Steigerung unserer Ansprüche und des Verbrauchs ein Fehlverhalten liegt – wer sich überfrißt, droht an seinen Ausscheidungsfunktionen zu erkranken. Die Politiker aller Färbung sollten uns nicht mehr wie unmündige Kinder behandeln, vor denen man die Situation verniedlicht; sie sollten den Mut haben, Notwendiges und Vernünftiges, auch not-wendige Verzichte von uns zu fordern, anstatt uns sehenden Auges aus Angst, ihre Wähler zu verlie-ren – eine der Gefahren der Demokratie –, weiter dem Abgrund zutreiben zu lassen. Es hat sich oft gezeigt, daß das Erkennen einer Notwendigkeit die Menschen zu einer Notgemeinschaft zusammen-schließt, die zur Entwicklung schöpferischer Kräfte führt und ein stärkeres Zusammengehörigkeitsgefühl entstehen läßt. Solche Kräfte und Bereitschaften sollten angesprochen werden, nicht aber unbestimmte Riesenansprüche und Erwartungen vom Leben, die natürlich auch in uns lauern und oft durch parteiliche Ideologien erst hochgezüchtet werden. Mit-Arbeit am Ganzen, am Organismus unseres Volkes, ja der Menschheit sollte zum Ansporn und Ziel werden, in dem jeder einen Sinn finden könnte.

Aber auch seelisch fühlen wir uns in unserer technisierten Welt oft bedroht, neben allen Erleichterungen, die uns die Technik verschafft: zum Beispiel durch die Reizüberflutung und Hektik unseres Lebens. Wir sind in unserem Alltag – vor allem natürlich in den großen Städten – meist von einer Lärmkulisse umgeben, die oft unerträgliche Formen annimmt. Wir leben gehetzt, sind immer auf ein zu erreichendes Ziel ausgerichtet und daher zu wenig im Sein, zugleich überbeansprucht in unseren Berufen, die für viele zum reinen Job geworden sind, mit dem sie ihren Lebensunterhalt verdienen, zu dem sie aber kaum noch ein emotionales Verhältnis haben, wie es etwa noch der Handwerker zu seinem Handwerk, der Bauer zu seinem Land und zu seiner Arbeit hat. Viele Berufe sind heute so hoch spezialisiert, daß der einzelne nur noch Sektoren seines Gebietes übersehen kann. In atemberaubendem Tempo wird eben gewonnenes Wissen wieder überholt, so daß man nicht einmal auf seinem Fachgebiet hoffen kann, jemals ausgelernt zu haben, was wieder die Hektik und Konkurrenz verschärft. Das wird vor allem von alternden Men-

161

schen als Problem empfunden, denen früher ihre Erfahrungen noch eine besondere Bedeutung und Würde gaben, während ihnen heute oft gerade ihre Erfahrungen in manchen Berufen hinderlich sind, weil sie durch sie den neuen Entwicklungen gegenüber nicht so unbefangen und offen sind wie die traditionsunbelastete Jugend, von der das Neue rascher erfaßt und gekonnt wird.

In einer solchen Zeit, in der die industrielle Entwicklung vielen nicht die Möglichkeit gibt, in ihrem Beruf Selbstverwirklichung zu finden, in der viele unter einem kaum vermeidbaren Leistungszwang stehen, ist die Gestaltung der Freizeit von besonderer Wichtigkeit. Unser Alltag läßt uns kaum die Zeit zur Kontemplation und Besinnlichkeit; wir wohnen in genormten Betonbauten, deren Komfort, Hygiene und austauschbare Unpersönlichkeit das Grün einer landschaftlichen Umgebung, die man liebgewinnen kann, nicht zu ersetzen vermag. Wir reisen mit Massenverkehrsmitteln in ferne Gegenden, finden überall die gleichen Hotels vor, wie auch unsere Städte mehr und mehr austauschbar geworden sind und ihre individuelle Prägung zu verlieren drohen, die einst ihren besonderen Reiz ausmachte. Wir kommen auf unseren Reisen mit den Menschen anderer Länder kaum in Berührung – wir bekommen allenfalls in organisierten Shows ihre Sitten und Gebräuche vorgeführt und meinen, sie dadurch kennengelernt zu haben, verwechseln Arrangements der Fremdenindustrie mit Echtheit des Erlebens. Wir messen den »Erfolg« unserer Reisen mit quantitativen Maßstäben, je mehr wir »gesehen« haben, um so mehr hat es sich gelohnt – was wir dabei erlebt haben, ist demgegenüber unwichtig. Man vergleiche einen modernen, meist mit mehreren Foto- und Filmapparaten ausgerüsteten Reisenden etwa mit Goethe auf seiner italienischen Reise und mit seinem Skizzenbuch. Information ersetzt zu oft das Erleben, von dem wir uns mehr und mehr zu entfernen drohen. Die Vielzahl von Reizen und Eindrücken, die meist flüchtige bleiben, ermöglicht es uns kaum noch, zu ihnen eine seelisch-gemüthafte Beziehung herzustellen, die uns bereichern könnte. Zu viele Eindrücke verwirren und irritieren aber eher, sie machen uns passiv-aufnehmend, wie etwa auch die Dauerberieselung durch Radio- und Fernsehsendungen, die unsere eigenen schöpferisch-gestalterischen Kräfte mehr lähmend zudecken als erwecken. Wir wollen damit ihren Wert nicht herabsetzen; sie haben unter anderem die Funktion, uns zu entspannen, und bieten ja auch oft wichtige Informationen und Wertvolles, das uns zu verschaffen wir sonst nicht die Zeit hätten. Aber für viele sind sie zu einem Mittel geworden, sich eigenes Nachdenken zu ersparen, Ängste zuzudecken und sich der Familie und der Gestaltung des Zusammenlebens zu entziehen.

Sicher lassen sich Entwicklungen nicht einfach zurücknehmen; wir sind von der Rousseauschen Rückkehr zur Natur weiter entfernt denn je; es wird also mehr darum gehen, Gegenkräfte in uns zu aktivieren, die der zunehmenden Entpersönlichung und dem Anspruch auf passives Gefüttert-Werden entgegenwirken, und uns wenigstens einen Sektor unseres Lebens zu bewahren, den wir aus der Hek-

163

tik und Zweckbestimmtheit, die uns sonst beherrscht, heraushalten können.

Es lassen sich manche Anzeichen dafür erkennen, daß die skizzierten Probleme bewußt zu werden beginnen und Gegenkräfte wach werden. Die Einsicht in unsere Situation ist gewachsen, der Kampf gegen die Umweltverschmutzung hat verschiedenenorts eingesetzt – denken wir etwa an den Bodensee. Viele Städte haben gegen den Lärm die Fahrgeschwindigkeiten begrenzt. Es sind Bestrebungen zu erkennen, mit den Energiequellen unseres Planeten vernünftiger umzugehen, und hier und da werden auch Stimmen laut, die zu notwendigen Verzichten aufrufen. Es gibt eine »Gesellschaft für Verantwortung in der Wissenschaft«, deren Ziel es unter anderem ist, wissenschaftliche Entdeckungen und Erfindungen hinsichtlich ihrer Nützlichkeit oder Schädlichkeit, insbesondere auf ihre Auswirkung in der Zukunft und auf humane Anliegen zu überprüfen und dementsprechend zu beeinflussen. Es gibt eine Friedensforschung, die sich zum Ziel gesteckt hat, Gefahren abzuwenden und Schäden zu verhüten für den Menschen als Individuum, als soziales Wesen und als biologische Spezies. Und es werden zunehmend Bestrebungen erkennbar, in Teamarbeit die Wissenschaften und ihre Erkenntnisse aus ihrer Isolierung voneinander herauszunehmen und sie in ganzheitlicher Schau zusammenzufassen, die das übergeordnete Ziel einer gemeinsamen Zukunftsausrichtung hat – Bestrebungen, die dem oben geforderten organisch-ganzheitlichen Denken entsprechen. Und es hat auch den Anschein, als käme eine neue Sehnsucht auf nach

164

inneren Erlebnisbereichen – vielleicht folgt auf die Erforschung des äußeren Weltraumes in den nächsten Generationen die Erforschung unseres Innenraumes, unserer Seele, wo wir noch ganz in den Anfängen stehen. Die christlichen und östlichen Meditationslehren erfreuen sich zunehmender Anhängerschaft, das Bedürfnis nach innerer Sammlung, nach Stille und Einsamkeit wird wieder in uns wach, und wenn diese Methoden nicht zur Weltflucht benutzt werden, können sie zu grenzüberschreitenden, transzendierenden Erlebnissen führen. Damit soll indessen nicht einer weltflüchtigen Nabelschau das Wort geredet werden, die uns nur auf neue Weise in uns isolieren würde. Vielleicht entdecken wir auch weitere neue Wege, die uns nach innen lenken, um dort die Ruhe, Fülle und Schönheit wiederzufinden, die uns außen verlorengegangen sind und die uns auch Möglichkeiten finden lassen, unsere schöpferischen und musischen Kräfte in uns wieder zu entdecken, im Spiel und in Tätigkeiten, die nicht mehr nur zweckbestimmt sind.

Zeichen der Zeit – Vom Egoismus zu ganzheitlichen Beziehungen

Große Erschütterungen wie der letzte Weltkrieg und seine Folgen, große Veränderungen in unserer Welt, wie wir sie durch die Technik und die Erfolge der Naturwissenschaften erlebt haben und noch erleben, pflegen sich auch auf alle unsere mitmenschlichen Beziehungen auszuwirken. Unsere familiären, partnerschaftlichen und sozialen Bereiche, unsere religiösen und metaphysischen Einstellungen sind von den Geschehnissen der letzten Jahrzehnte ergriffen worden, unsere persönlichen und überpersönlichen Bezüge also auf allen Ebenen. Seit einigen Jahrzehnten erleben wir uns in einem Umbruch, der sich auf diesen Lebensgebieten unverkennbar bemerkbar macht: Wohin wir auch blicken, die »Stützen der Gesellschaft«: Familie, Staat und Kirche, beginnen zu wanken. Und damit hat uns eine Skepsis gegenüber allem erfaßt, was wir bisher als Wert angesehen hatten: Ehe, Liebe und Treue; Glaube und Ethik; Autorität und Gesetz; scheinbar gesichertes Wissen und angenommene Grenzen unserer Möglichkeiten – all das ist uns fraglich geworden, unsicher in einem Ausmaß, wie es wohl selten vorgekommen ist. Das vermittelt uns unter anderem das Gefühl des Unaufgehobenseins in unserer Welt, in unserer geistigen Welt und in unserer Gefühlswelt – nichts scheint mehr bindend zu sein, nichts mehr verbindlich.

Die Lockerung von Bindungen und von bisher als gültig angenommenen Tabus und Grenzsetzungen ist auf vielen Gebieten zu erkennen: So hat sich der Begriff der Autorität und die Einstellung zu ihr grundlegend verändert; Auflockerung von oder

167

Verlust an Bindungen im Rahmen des Familiären, des Familiengefüges, der Ehe sind wohl vielfach erkennbar. Vielen jungen Menschen ist heute die Zugehörigkeit zu ihrer Generation wichtiger als ihre Familienzugehörigkeit – in einer Kurzformel ausgedrückt: Wahlverwandtschaft geht ihnen über Blutsverwandtschaft. Sie fühlen sich von der Zugehörigkeit zu ihrer Generation mehr getragen als von ihren Familien; schon äußerlich in der Kleidung und in ihrem Lebensstil betonen sie mehr die Generationszugehörigkeit als etwa einen »Familienstil« oder die Zugehörigkeit zu einer bestimmten sozialen Schicht. Die Kinder verlassen früher, als wir es bisher kannten, die Familie, sie wollen selbständig werden und ihr eigenes Leben leben, ihren eigenen Lebensstil verwirklichen, den ihre Generation von ihnen erwartet. Das demonstrieren sie unter anderem auch dadurch, daß sie in Kleidung und Haartracht sich bewußt von der alten Generation absetzen, die ihre Kleidung nicht übernehmen könnte, ohne lächerlich zu wirken. Diktierte früher die alte Generation die Mode, waren die jungen Menschen in den Kleidern der Alten kleine Erwachsene, haben sich die Jungen nun einen eigenen Stil geschaffen, der nur zu ihnen paßt. Im Verwischen des Geschlechtsunterschiedes durch angeglichene Kleidung und Haartracht bei jungen Männern und Frauen bringen sie zugleich ihre Ablehnung gegen die von der Gesellschaft geforderten und festgelegten Rollen von Mann und Frau zum Ausdruck. Sie wollen sich nicht mehr in Normen fügen, deren Sinn sie nicht einsehen, die vorschreiben, wie »man« sich als Mann oder Frau zu verhalten habe.

Sind darin häufig noch Züge von nicht überwundenem Trotz zu erkennen, sollten wir doch darüber das Positive nicht verkennen, den neuen Ansatz für die Gestaltung unserer persönlichen und partnerschaftlichen Beziehungen: Es geht offensichtlich bei alldem um die Aufhebung trennender Grenzen, seien es familiäre, geschlechtsspezifische oder soziale, um die Aufhebung von Rollen, die ihrerseits trennende Grenzen gesetzt hatten. Junge Menschen, denen man begegnet, könnten heute überall zu Hause sein; sie unterscheiden sich kaum von der Jugend anderer Länder, so daß auch völkisch-nationale Grenzen aufgelockert werden und damit manche Vorurteile und bewußt gepflegte Unterschiede; wir sehen heute das Sich-unterscheiden-Wollen eher als unnötig an, und es ist uns, soweit es sich auf Äußerlichkeiten bezieht, fragwürdig geworden als Ausdruck eines betonten Individualismus, der mehr trennt als verbindet. Vielleicht lassen sich darin Bestrebungen erkennen, überhaupt trennende Grenzen zwischen den Menschen aufzulockern zugunsten des uns alle verbindenden Menschlichen? Vielleicht sagen wir deshalb heute auch statt Fremdarbeiter und Fremdenzimmer: Gastarbeiter und Gästezimmer?

Aber auch Ehe und Partnerschaft sind nicht unberührt von den Entwicklungen geblieben: Bestrebungen sind im Gange, die Ehe leichter auflösbar zu machen; die gesetzlichen Motivierungen für die Scheidung haben sich geändert oder sind im Begriffe, geändert und, wie wir hoffen, menschlicher zu werden. Das freie Zusammenleben von Partnern – früher als »wilde Ehe« abwertend gekennzeichnet – wird häufig schon ohne Moralisieren geduldet; außerehelich geborene Kinder sollen zunehmend die gleiche rechtliche Stellung bekommen wie die ehelichen.

Freilich, zunächst scheinen Extreme sich breitzumachen; manche versuchen nun, die Ungebundenheit als Wert zu setzen; sexuelle Freiheit wird propagiert und unverbindliche Auswechselbarkeit der Partner; die Ehe wird als veraltete Institution bezeichnet und damit, wie so oft, das Kind mit dem Bade ausgeschüttet. Über lauter Sexualität vergaß man allmählich die Liebe; die sexuellen Techniken schienen manchmal wichtiger geworden zu sein als die emotionale Beziehung zum Partner. Dadurch wurde die Sexualität zum nur noch funktionellen Vorgang der Lustbefriedigung, die, nicht in ein ganzheitliches Erleben eingebettet, deshalb in der Tiefe nicht mehr befriedigt und beglückt; sie nimmt dann oft Suchtcharakter an, weil die Qualität durch die Quantität ersetzt wird, um die entstandene Leere zuzudecken; oder sie wird zum Leistungszwang, Potenz und Orgasmus werden zur Forderung eines technischen Könnens, worin dann bereits wieder der Ansatz zu Funktionsstörungen liegt.

Für die junge Generation scheint indessen das Problem bereits überwunden zu sein; es betraf vor allem die Generationen, die noch mit den alten, zu engen Tabus aufgewachsen waren und die nun plötzlich ein Nachholbedürfnis entwickelten und meinten, in den oben beschriebenen Verhaltensweisen die Zeichen der Zeit richtig verstanden zu haben. Durch die Freigabe der vorehelichen Sexualität für beide Geschlechter, die inzwischen anscheinend eine Selbstverständlichkeit geworden ist, die zu begrüßen ist, wenn eine vernünftige Reifegrenze dabei eingehalten wird, können schädigende Triebstauungen, Selbstbefriedigung und Ausweichen in Ersatzhandlungen, die sich zu Perversionen ausbilden können, vermieden werden, zu denen es früher so leicht kam, weil zwischen der biologischen Geschlechtsreife und der Freigabe der Intimbeziehungen zwischen den Geschlechtern eine unnatürliche, über Jahre sich erstreckende Kluft bestand. Auch die gesellschaftliche Verfemung außerehelicher Kinder und lediger Mütter hat sich zumindest erheblich abgeschwächt – eine Rose Bernd ist heute glücklicherweise kaum noch vorstellbar.

Daß auf die alte Sexualverdrängung in der Erziehung und auf die Leibfeindlichkeit, die die Kirchen beider Konfessionen so lange vertreten haben, zunächst ein Überschießen in das andere Extrem aufgetreten ist, hat etwas Gesetzmäßiges an sich und sollte uns ganz allgemein davor warnen, Extremforderungen und Prinzipien aufzustellen, die der menschlichen Natur nicht entsprechen und sie überfordern, deren Nichterfüllung dann mit Schuldgefühlen erlebt wird, die wir uns ersparen könnten. Wir wollen nicht vergessen, daß der Sexualneid bei vielen sexuellen Tabus eine wesentliche Rolle spielte, wollen auch nicht vergessen, daß die Macht der Kirchen zu einem erheblichen Teil auf jenen Schuldgefühlen beruhte – auch das Geschäft mit den Schuldgefühlen war schon immer ein rentables.

Haben und bejahen wir wieder mehr echte Bindungen, verwechseln wir nicht Liebe mit Sexualität, trennen wir nicht mehr so künstlich das Geistige und das Fleischliche, wobei das letztere so lange dem Sündigen gleichgesetzt wurde, wird die Sexualität von selbst wieder den Platz einnehmen, der ihr zukommt: Ihr Überwuchern hat nicht die Bindungslosigkeit, sondern die Bindungslosigkeit hat ihr Überwuchern verursacht. Wir sollten daher nicht gegen die Sexualität, sondern für das Wiederfinden ganzheitlicher partnerschaftlicher Beziehungen kämpfen. Sexualität löst sich am ehesten isoliert aus dem Gesamterleben und verselbständigt sich, wo ein Mensch zu wenig an tragenden emotionalen Bindungen und Liebe erlebt hat oder wenn er vor der Bindung ausweicht und nicht zu lieben wagt.

Die neuen Versuche mitmenschlichen Zusammenlebens in Kommunen oder anderen familienähnlichen Gruppen können, wenn sie nicht mit Promiskuität verwechselt werden, eine Aufteilung individueller Aufgaben und Probleme auf verschiedene Gruppenmitglieder bedeuten, die eine wechselseitige Hilfe und Teilnahme am Leben und an den Freuden und Sorgen des einzelnen ermöglichen, ohne familiäre Egoismen. Solche Gruppen können auch die verschiedenen Generationen einbeziehen und so zu einer neuen Form der Großfamilie werden. Blutsverwandtschaft hat etwas Schicksalhaftes und enthält oft dadurch eine Tragik, daß solche Bindungen ungemein belastend werden können durch scheinbare Rechte und Ansprüche; Wahlverwandtschaft beruht auf wechselseitigen Anziehungen, auf Interessengemeinschaft oder auf ähnlicher »Wellenlänge« der Gruppenmitglieder; sie steht der Freundschaft näher, in der man einander vertraut

172

und füreinander da ist ohne zuviel Bindung; denn zuviel Bindung ist eine der größten Gefahren für alle Formen der Liebe.

Aber auch im Verhältnis der Eltern zum Kind hat sich manches verändert, in positivem Sinne, wie wir glauben. In vielen heutigen Ehen haben die Kinder von früh an mehr das Recht auf ihre Eigenart und werden nicht mehr so oft auf etwas hindressiert, was die Familie, die Tradition oder die Gesellschaft von ihnen erwartet. Die alte Erziehung mutete den Kindern oft Dinge zu, die wir als Erwachsene empört ablehnen würden – als ob Kinder nicht ernst zu nehmen wären und keine Rechte hätten. Denken wir nur an so prinzipielle Haltungen, wie sie leider in Deutschland besonders häufig anzutreffen waren und manchmal noch sind, wie: »Was auf den Tisch kommt, wird gegessen« – wobei oft genug nicht einmal die Menge dem Appetit des Kindes überlassen, sondern ihm vorgegeben wurde. Wer würde sich das als Erwachsener gefallen lassen, und wieso meint man, es einem Kind zumuten zu können? Machen nicht solche barbarischen Verhaltensweisen es verständlich, wenn sie später mit einer Propagierung des antiautoritären Verhaltens beantwortet werden – vielleicht zunächst einmal so beantwortet werden müssen, damit wir wacher werden, damit uns überhaupt ins Bewußtsein kommt, was wir getan und für richtig gehalten haben? Und das ist nur ein Beispiel für viele andere Situationen, wo Kinder überrollt, dem Egoismus der Eltern ausgeliefert oder dressiert werden. Heute, wo wir – vor allem seit den Forschungsergebnissen der Psychoanalyse und der Verhaltensforschung – mehr dar-

173

über wissen, was ein Kind in den verschiedenen Stadien seines Heranwachsens für seine gesunde Entwicklung braucht, können wir uns nicht mehr auf Unwissenheit herausreden, wenn ein Kind frühe Entwicklungsstörungen erwirbt.

Vieles ist inzwischen hierin besser geworden: Eltern wissen mehr über ihre Kinder; es gibt Erziehungsberatungsstellen in allen größeren Städten, wo sich Eltern Rat holen können, wenn sie mit einem Kind Schwierigkeiten haben; es gibt verschiedene Formen der Kindertherapie, in denen ein Kind seine Konflikte darstellen und wo ihm geholfen werden kann, bevor sich seine Schwierigkeiten zu einer Neurose verfestigt haben; es gibt die Familientherapie, in der eine ganze Familie behandelt wird, um die in ihr schwelenden unbewußten Probleme zu klären, an denen die ganze Familie oder ein Mitglied krankt. Immer mehr Bedeutung und Ausbreitung bekommen die Wissenschaften vom Menschen, die sich darum bemühen, sein Zusammenleben familiär oder sozial zu verbessern, ihm zu helfen, sich und andere besser zu verstehen – darin liegt eine ungemein wichtige Chance für uns alle, humaner zu werden, echter und auch natürlicher.

Es ist heute wohl schwer vorstellbar, daß eine Grammophonplatte, die vor etwa sechzig Jahren sich großer Beliebtheit erfreute und auf der mit sentimentaler Melodie der Text gesungen wurde: »Der liebste Platz, den ich auf Erden hab, das ist die Rasenbank am Elterngrab« – daß eine solche Platte heute noch Erfolg haben könnte; eine so weit pervertierte Eltern- und Kindesliebe, soviel sentimentale Verlogenheit ist uns nur noch peinlich.

Was nun die Ehe anlangt, wird sie immer ein offenes Problem bleiben, einmal vom Soziologisch-Kollektiven, zum andern vom Partnerschaftlichen her gesehen. Mit sich verändernden sozial-gesellschaftlichen Bedingungen ändern sich auch Institutionen wie die Ehe. Zwischen den beiden Polen der absoluten Unauflöslichkeit der Ehe und dem gegensätzlichen, der in ihr lediglich einen Vertrag sieht, der jederzeit gelöst werden kann, werden sich wahrscheinlich vermittelnde Zwischenlösungen finden lassen; die Gesellschaft wird – schon wegen der Kinder – die stabile Familie brauchen, will sie sich nicht selbst auflösen; andererseits muß im Interesse des Individuums die Ehe unter bestimmten Bedingungen auflösbar sein. Aber vermutlich werden wir von generalisierenden, für alle gültigen Lösungen absehen müssen. Das Wissen um die so verschiedenen sozialen und individuellen biographischen Hintergründe und Erbanlagen des einzelnen sollte uns skeptisch machen gegenüber Normierungen, die glauben, darauf keine Rücksicht nehmen zu brauchen. Normierungen gehen ja davon aus, daß man an alle Menschen die gleichen Forderungen stellen könne oder solle. Das kann indessen nur für die Grundgesetze gelten und für die eigentlich selbstverständliche mitmenschliche Toleranz, die ein deutsches Sprichwort sehr zutreffend und schlicht so formuliert: »Was du nicht willst, das man dir tu, das füg auch keinem andern zu.« Der Konflikt zwischen unserem Bedürfnis nach persönlicher Freiheit und der Notwendigkeit von Bindungen und auch Verzichten, zwischen dem, was für den einzelnen, und dem, was für die Gemeinschaft gut, förderlich und sinnvoll ist, läßt sich wohl nie befriedigend lösen, jedenfalls nicht nur nach der einen oder der anderen Seite; aber vielleicht ließen sich Lösungen finden, die in Grenzen beiden Seiten gerecht zu werden versuchten – radikal-einseitige Lösungen sind keine Lösungen.

Das gilt auch im Bereich des Individuell-Partnerschaftlichen. Was bedeutet Bindung eigentlich? Bindung, Liebe und Treue sind zu oft mißbraucht und benutzt worden, um elterliche, familiäre und partnerschaftliche Egoismen zu verschleiern. Bindung ist zu oft als Abhängigkeit mißverstanden worden, und geforderte Bindung und Treue haben zu oft die dahinter stehende Verlustangst, das Nicht-loslassen-Können oder egoistische Macht- und Besitzansprüche verdeckt. Gesunde Bindung beruht aber sehr weitgehend auf unserer Bereitschaft und Fähigkeit, uns in die geliebte Person einzufühlen, uns einander mitzuteilen, »durchlässig« füreinander zu werden und auch Opfer und nötige Verzichte auf uns zu nehmen – ganz schlicht ausgedrückt: einander wohlzuwollen. Egoistische »Liebe« dagegen will den Partner an sich binden und von sich abhängig machen, ihn festhalten, ob es für ihn gut ist oder nicht; sie braucht den Partner für sich selbst und kann ihn daher nicht freigeben für seine eigene Entwicklung. Erich Fromm hat in seinem Buch »Die Kunst des Liebens« den Unterschied der zwei Arten des Liebens so ausgedrückt: »Ich brauche dich, weil ich dich liebe«, oder aber: »Ich liebe dich, weil ich dich brauche.«

Auf dem egoistischen Liebesanspruch bauen sich viele Familien und Ehen auf, mögen sie diesen

Egoismus vor sich selbst und anderen noch so sehr als Liebe darstellen, es wohl auch selber glauben. Wie viele Eltern zum Beispiel meinen, das Beste für ihre Kinder zu wollen, wenn sie diese in eine Entwicklung, Berufs- und Partnerwahl drängen, die ihnen selbst als wünschenswert erscheint, aus welchen Motiven auch immer, ohne dabei zu berücksichtigen, ob sie dem Kinde gemäß sind; ganz abgesehen von den Fällen, wo einfach autoritär über das Kind hinweg bestimmt wird, was es zu wählen hat, weil es gar nicht zur Diskussion steht, daß es eigene Wünsche haben könne oder daß die Eltern nicht am besten wüßten, was gut für es sei. Unser Wunsch, Macht zu haben und Macht auszuüben, ist offenbar ungemein stark; und je hilfloser und abhängiger jemand von uns ist, um so mehr geraten wir in die Gefahr, unsere Macht zu mißbrauchen – Hilflosigkeit und Abhängigkeit scheinen den Machtmißbrauch geradezu herauszufordern, im kleinen Familienkreis wie im sozialen Bereich. Es wird, wenn es überhaupt gelingen kann, eines langen Lernprozesses und neuer humaner Konzepte bedürfen, bis wir uns hierin ändern können.

Und in wie vielen Ehen werden noch patriarchalische Privilegien selbstverständlich gelebt und damit die Partnerin in einer für den Mann so bequemen Abhängigkeit gehalten, die allerdings die Frauen oft mitkonstellieren, weil Abhängigkeit ja auch eine Form der Bequemlichkeit sein kann, da nämlich, wo sie die Möglichkeit hätten, sich aus der Abhängigkeit zu befreien, aber Verantwortung, eigene Entscheidungen und das Erwachsenwerden scheuen.

Hier sind auch schon positive Lösungsversuche und neue Entwicklungsansätze zu erkennen: In vielen Ehen ist eine gegenseitige Hilfsbereitschaft und die Übernahmen von Funktionen selbstverständlich geworden, die sich nach den Bedürfnissen beider Partner und nach der Notwendigkeit der Situation richten, nicht nach irgendwelchen von der Gesellschaft festgelegten Rollen »des« Mannes oder »der« Frau, die es ja in solcher Abstraktion und Generalisierung gar nicht gibt. Hätten wir das schon früher gewagt, hätte die Emanzipation offene Türen eingerannt.

Freilich, auch diese neuen Freiheiten – vor allem für die Frau – müssen erst erprobt, es muß mit ihnen umzugehen gelernt werden, und es werden daraus neue Probleme entstehen. Aber vermutlich werden die Geschlechter mehr als früher miteinander im Gespräch bleiben, mehr Bereitschaft haben, zu verstehen, was Mann- und Frau-Sein eigentlich bedeutet, und hoffentlich in den neuen Konzepten nicht so weit gehen, wie es hier und da der Fall ist, daß sie über den abzulegenden gesellschaftlichen auch biologische Unterschiede glauben verleugnen zu können. Und vielleicht wird es auch dazu kommen, daß Liebe und Treue wieder als Werte erkannt und erlebt werden, weil und wenn wir uns freiwillig zu ihnen bekennen. Wir haben wohl auch klarer erkannt, daß alle Institutionalisierungen im mitmenschlichen Bereich als Lösungen nie ideal sind, weil dafür die Menschen, ihre Anlagen, ihre Lebens- und Entwicklungsgeschichten sowie ihre Neigungen zu verschieden sind. Wir sollten daher Humanität und Toleranz an die Stelle von Prinzipien setzen. Prinzipien sind zu oft der Ausdruck starrer Festlegung aus Bequemlichkeit; sie sollen uns das Nachdenken und eigenverantwortliche Entscheiden ersparen – in der Erziehung, in ethischen Fragen, in der Rechtssprechung. Es ist um vieles leichter, nach Paragraphen und festen Vorschriften zu leben und zu handeln; dann weiß »man« immer, was »man« zu tun, wie »man« sich zu verhalten hat – aber so lange bleiben wir auch ein Stück kindlich und unreif und machen Prinzipien oder Institutionen ungeprüft zu Autoritäten, die für uns entscheiden sollen.

Wir müssen nach alldem uns klarwerden, daß wir in unserer Gegenwart in einem Entwicklungsprozeß stehen, der letztlich darauf hinausläuft, daß wir erwachsener, mündiger und selbstverantwortlicher werden. Das wird eine lange Zeit brauchen, denn Erziehung, Schule, Politik und Kirche versuchen uns immer wieder aus verschiedenen Motiven in unmündiger Abhängigkeit zu halten; und wie viele von uns wollen gar nicht erwachsen werden, weil sie eigenständige Verantwortlichkeit scheuen. Dennoch scheint mir darin die Aufgabe, ja vielleicht die rettende Hilfe für uns alle zu liegen. Das Entscheidende dürfte dabei wohl sein, daß wir unsere Liebesfähigkeit stärker entwickeln, und das von ganz früh an in der Kindererziehung, später in allen mit- und zwischenmenschlichen Bereichen. Aber dafür müßten sich wohl auch unsere Leitbilder verändern; es müßte als Wert gelten, ein humaner Mensch zu sein oder werden zu wollen, als höherer Wert als ein erfolgreicher, vermögender oder mächtiger. Und es müßte wieder als reizvoll erscheinen – weil wir uns daran weiterentwickeln können –, auch Verzichte, Lasten und Mühen auf uns zu nehmen, anstatt bei jeder Unbequemlichkeit oder Enttäuschung sofort den Partner oder die Partei zu wechseln. Wir sollten wieder die reifende Wirkung von ernstgenommenen Bindungen erleben, das Sich-aneinander-und-miteinander-Entwickeln, das wohl immer noch zu den beglückendsten Erlebnissen gehört, die uns das Leben geben kann – und das wir selbst gestalten können. Es müßte wieder als erstrebenswert angesehen werden, menschlich zu sein. Und das können wir überall versuchen oder üben – der »Kavalier am Steuer« ist ein winziger Ansatz zu dem, was hier gemeint ist. Die kapitalistische und Konsumgesellschaft hat zu einseitig Macht und Besitz als die erstrebenswertesten Ziele propagiert und mangelnden Egoismus als Dummheit erklärt. Aber wenn diese Möglichkeiten auch immer in uns liegen, hat uns nicht die Geschichte der Menschheit auch gezeigt, daß wir zu großen humanen Leistungen fähig sind, wenn sie angesprochen werden? Und suchen wir nach einem Ausspruch, der uns bei unseren Bemühungen um größere Humanität helfen kann, so scheint mir der folgende von Novalis am zutreffendsten zu sein: »Jede Verbesserung unvollkommener Konstitutionen läuft darauf hinaus, daß man sie der Liebe fähiger macht.«

Nachwort

Im Nachwort zu dem von uns 1981 unter dem Titel »Die Kunst des Alterns« herausgegebenen ersten Teil des Nachlasses von Fritz Riemann kündigten wir als weitere Folge die »Grundformen der Liebe« an, ein Buch, das er als Ergänzung seiner »Grundformen der Angst« geplant hatte. Bei der näheren Durchsicht dieser zum Teil unvollendeten oder nicht überarbeiteten Kapitel glaubten wir jedoch, den Erwartungen des Lesers mit dem allgemeineren Titel »Die Fähigkeit zu lieben« gerechter zu werden.

Ähnlich wie in seiner »Kunst des Alterns« liegt auch hier weniger eine abstrahierend-wissenschaftliche Darstellung vor; es handelt sich vielmehr – und darin liegt für uns der Wert dieses Buches – um eine allgemeinverständliche Betrachtung der verschiedenen Entwicklungsebenen der Liebesfähigkeit und ihrer Folgen, die jeden von uns ganz persönlich als Mutter, Vater, Partner, aber auch hinsichtlich der Rückbesinnung auf unsere eigene Lebensgeschichte als Kind anzusprechen vermag. So könnten wir uns vorstellen, daß dieses Buch, für sich allein oder gemeinsam mit unserem Partner gelesen, dem, der sich davon berühren lassen will, gerade in unserer Zeit praktische Lebenshilfe geben kann, in einer Zeit also, in der die Angst umgeht und in aller Welt das Aggressionspotential sich zu mehren scheint. Hier kann die vertiefte Besinnung auf das, was wir so pauschal »Liebe« nennen, an eine spezifische menschliche Begabung erinnern, deren bewußter Pflege wir alle mehr denn je bedürfen, die wir aber allzuoft von unseren Partnern fordern, ohne uns zu fragen, ob wir selbst unsere eigene Liebesfähigkeit genügend aus kindlichen Formen der Liebe herausentwickelt haben. Charakteristisch für Riemanns Lebensauffassung erscheint uns zum Beispiel seine Einstellung, daß wir in der Liebe immer zugleich Subjekt und Objekt, Gebende und Nehmende sind. Damit hebt er sich einerseits ab von einer, wie wir meinen, gerade heute oft beobachtbaren Tendenz zur einseitig-individualistisch mißverstandenen »Selbstverwirklichung«, in deren Gefolge die Umwelt und die Menschen nur als Objekte erlebt, erfahren und auch mißbraucht werden können. Gerade für eine echte Selbstverwirklichung hält Riemann die Bezogenheit auf einen Partner für notwendig, der seinerseits – mehr im Sinne der Gleichwertigkeit als nur der Gleichberechtigung – selbst auch Subjekt sein kann und darf. Andererseits sieht er aber auch in der in früheren Zeiten oft verabsolutierten normativen Forderung nach einmalig-ewiger Bindung eine mögliche Lebenslüge, eine der größten Gefahren für die Liebe und für eine reife Partnerschaft.

Riemann legt in den Kapiteln »Von der Mutterliebe « und »Sexualität und Liebe« die klassische psychoanalytische Lehre von den Objektbeziehungen und die Libidotheorie einschließlich dem daraus abgeleiteten Verständnis der sogenannten Perversionen zugrunde sowie in den Kapiteln »Liebe und Bindung«, »Die fordernde Liebe« und »Die ganzheitliche Liebe« die kindlichen Entwicklungsstadien, die sogenannte Phasenlehre. Davon lassen sich zwar einige Grundformen der Liebe ableiten, aber sicher hätte Riemann bei einer Vollendung dieses Buches darüber hinaus noch weitere Erscheinungsweisen der Liebe dargestellt (zum Beispiel die Vaterliebe, die spezielle Form der Pubertätsliebe, die karitative oder die des alten Menschen), soweit sich dieses so umfassende Phänomen überhaupt befriedigend ausdeuten läßt.

Ergänzt haben wir die Kapitel des von Riemann geplanten Buches durch einen bereits in »Psychologie für Nicht-Psychologen« erschienenen Beitrag über die Angst sowie durch zwei im Jahre 1975 gehaltene Rundfunkvorträge, die uns thematisch trotz mancher Überschneidungen in den Rahmen zu passen schienen und mit denen wir dieses Buch abschließen.

Eine nähere Würdigung Fritz Riemanns und seiner Persönlichkeit haben wir in unserem Nachwort zur »Kunst des Alterns« versucht. Wir wollen sie hier nicht wiederholen, glauben jedoch, daß der Leser allein hinter den hier vorgelegten Gedanken etwas von der Person des Autors erspüren kann.

Es wird nun am einzelnen Leser liegen, inwieweit er aus dem, was hier geschrieben steht, seine Fähigkeit zum Selbstverständnis wie auch zur Partnerschaft vertiefen und bereichern kann.

Wir sind der Überzeugung, daß beides einander bedingt: Nur wer sich selbst ohne Scheuklappen in seinen menschlichen Stärken und Schwächen erkennen, aber auch im ständigen Bemühen bejahen kann, wird seinem Partner dieselbe Toleranz und raumgebende Hilfe zuteil werden lassen können, die die Gebundenheit an allzu kindliche Liebeserwartungen und -bedingungen überwinden läßt. Unsere von so vielen auch selbstverursachten Gefährdungen bedrohte Gesellschaft bedarf dessen dringend zum Überleben. Wir können dies aber nicht nur fordern oder einklagen, ohne bei uns selbst damit begonnen zu haben.

Im Februar 1982   Doris Zagermann
                                     Siegfried Elhardt

Fritz Riemann
Die Kunst des Alterns
Hrsg. von Siegfried Elhardt und Doris Zagermann
140 Seiten, gebunden
»Gemäß der Zielsetzung der Psychotherapie, Ursachen seelischer Probleme bewußt zu machen und sie dadurch in den Griff zu bekommen, besteht eine Leistung des Buches darin, Zusammenhänge typischer Altersphänomene mit der ganzen Lebensgeschichte auch dem Laien einsichtig zu machen. Riemann zeigt dem aufgeschlossenen Leser Wege, sich selber und andere besser zu verstehen, damit auch, sich selbst helfen zu können.«
Dr. Ute Seebauer im Familienfunk des Bayerischen Rundfunks

Peter Schellenbaum
Das Nein in der Liebe
Abgrenzung und Hingabe in der erotischen Beziehung
158 Seiten, kartoniert
Die uralte Erfahrung, daß Liebe in Haß umschlagen kann und Partner, die einst miteinander glücklich waren, sich später im Streit trennen, ist Ausgangspunkt für eine psychoanalytische Untersuchung der Prozesse, die dazu führen. Schellenbaum macht deutlich, daß neben der Sehnsucht nach liebender Verschmelzung jeder Mensch auch den Wunsch nach Abgrenzung und Freiheit hat. Diesen Wunsch bei sich selbst und beim anderen zu achten, heißt, ein offenes Nein in der Liebe zu sagen und sie gerade dadurch lebendig zu halten.

Kreuz Verlag

Tobias Brocher
Von der Schwierigkeit zu lieben
Maßstäbe des Menschlichen, Band 8, 177 Seiten, kartoniert

»Brocher sagt: ›Wer sich nicht offenbaren kann, ist nicht fähig zu lieben‹, und er möchte dazu beitragen, diese Fähigkeit zu erwerben. Um die Schwierigkeiten, die dem entgegenstehen, überwinden zu helfen, schildert er die einzelnen Entwicklungsstufen der Liebe mit ihren Fallen, ihren Tücken und ihren Möglichkeiten. Es ist ein nützliches und hilfreiches Buch, das man am besten lesen sollte, ehe die angesprochenen Schwierigkeiten auftreten.« Deutsches Ärzteblatt

Hildegund Fischle-Carl
Das schöne schwere Miteinander
Wege zum Du

191 Seiten, kartoniert

»Die Psychotherapeutin Hildegund Fischle-Carl veranschaulicht ihre Gedanken durch zahlreiche Fälle aus ihrer Praxis. Dem Leser wird dabei einsichtig: Lernfähigkeit und Flexibilität sind ganz wesentliche Merkmale der Intelligenz und entscheiden oft über unsere Art zu leben, was unter Umständen bedeutet, über Gesundheit und Krankheit, über Sinn oder Sinnlosigkeit in unserem Dasein.

Unsere Art zu leben wirkt sich auch auf den Partner aus. Die Autorin beklagt die Überbewertung kritischen Denkens – im Zusammenhang mit verkümmertem Gefühlsleben. Ärger bringe uns nicht weiter, zumal nicht im Zusammenleben mit einem Partner.«
Stuttgarter Zeitung

Kreuz Verlag